Le Mystère des enfants indigo : ces enfants d'un nouvel âge

A propos de l'auteur

Carolina Hehenkamp est née en 1947, en Hollande, où elle a vécu jusqu'en 1966. Après le lycée, elle est venue s'installer à Paris pour y étudier le stylisme de mode. Pendant de nombreuses années, elle a ensuite vécu et travaillé comme styliste, rédactrice et journaliste, en Espagne, en France et en Allemagne. En 1989 elle a mis un terme à sa carrière de styliste afin de se consacrer entièrement au chemin spirituel. Au début des années 90 elle a découvert comment lire et traiter les auras, et aujourd'hui c'est une formatrice et conseillère passionnée dans ce domaine. Cela fait maintenant dix ans qu'elle travaille comme formatrice, guérisseuse et thérapeute reconnue, notamment dans le domaine du travail sur le corps lumineux, de la thérapie par les couleurs et les cristaux. Durant l'hiver 1999 elle a créé un réseau international, « DER INDIGO KINDER LICHTRING » (= le cercle de lumière des enfants indigo), dont elle est la responsable et qui soutient aussi bien les parents que les enfants.

Carolina Hehenkamp

Le Mystère des enfants indigo : ces enfants d'un nouvel âge

Traduit de l'allemand par Laurence Meunier

ÉDITIONS EXERGUE
21, rue de Seine – 75006 Paris

Couverture : Murat Karaçay
Composition et rédaction : Kirsten Glück
Fabrication : Reyhani Druck

Titre original : *Das Indigo-Phänomen –
Kinder einer neuen Zeit – Das Geschenk der Indigo-Kinder*

www.tredaniel-courrier.com
tredaniel-courrier@wanadoo.fr

ISBN : 2-911525-55-8

Sommaire

Introduction

Les nouveaux enfants ne sont pas comme les autres !

Bien que je n'aie personnellement pas d'enfant, je me sens mère de cœur et d'âme à un autre niveau. Depuis plus de dix ans j'exerce mon métier de thérapeute avec beaucoup d'amour. Par ailleurs, je propose un ensemble de cours et de formations, notamment sur le développement de l'intuition, le travail avec la lumière et diverses méthodes de guérison. J'ai fait des expériences merveilleuses avec les enfants. J'aime leur originalité, la richesse de leurs idées et de leur inspiration et je comprends les missions et les buts de leur vie. Cela m'attriste à chaque fois de voir comment du tort peut être facilement causé aux enfants lorsque leur personnalité n'est pas comprise ni reconnue.

Au fil des années, j'ai vu une foule de gens marqués par la vie défiler au sein de mon cabinet et de mes séminaires. Souvent la thérapie faisait ressortir qu'ils n'avaient jamais pu être eux-mêmes durant leur vie et qu'ils avaient ainsi perdu le contact avec leur enfant intérieur, leurs désirs et leurs visions. J'ai souvent pu observer que les adolescents avaient perdu tout amour-propre, toute confiance en eux et parfois aussi, toute curiosité et envie de « vivre » leur vie. Les adultes étaient souvent envahis de fortes émotions lorsqu'ils reprenaient conscience de leurs rêves enfouis, mais ils voyaient ensuite s'ouvrir devant eux un long chemin qui allait leur permettre d'apprendre à se redécouvrir en profondeur et de guérir les blessures de leur enfant intérieur. Les échanges de groupe et le toucher par les couleurs, qui était avant tout très intensif dans les consultations aura-soma, ont permis à beaucoup de sentir à nouveau leur vrai Soi, de voir leur merveilleux Être véritable, comme j'ai toujours eu la chance de pouvoir le voir en chacun.

Je n'avais de cesse de réfléchir à des solutions pour préserver les gens du malheur. Il m'a semblé évident que je devais commencer par les enfants, si je désirais véritablement voir bouger les choses dans ce monde. C'est avec grand enthousiasme que j'ai fait un premier pas dans ce sens à l'automne 1999, en commençant à mettre en place un réseau, « Der Indigo Kinder Lichtring » (= le cercle de lumière des enfants indigo), qui s'étend aujourd'hui à travers le monde.

Le second pas fut la rédaction de ce livre, autre fruit de mon désir d'offrir à ces enfants la place qui leur revient. Pour pouvoir l'écrire, j'ai puisé dans mes expériences de thérapeute et de formatrice, et j'ai travaillé en étroite collaboration avec des médecins, enseignants, thérapeutes, ainsi qu'avec les parents et enfants concernés. Ce livre a pour but d'encourager tous les intéressés à joindre leurs efforts, qu'il s'agisse d'individus isolés ou de groupes, de continuer à propager les solutions existantes et d'en découvrir de nouvelles à travers des échanges.

Depuis très longtemps la question suivante revient sans cesse : « Que se passe-t-il au juste avec nos adolescents et nos enfants ? ». Le comportement d'un nombre croissant d'enfants indique qu'ils rejettent les normes sociales établies et admises, et refusent de s'y conformer. Ils plongent ainsi leurs parents et leur environnement social dans un sérieux embarras et une profonde inquiétude. Le manque d'attention, de concentration et l'hyperactivité sont un phénomène aujourd'hui répandu chez eux. Perception extrasensorielle, grande intuition et dons paranormaux sont également fréquents chez eux. Beaucoup vont actuellement à la crèche ou à l'école et exigent, de la part de ceux qui s'en occupent, un nouveau regard et de nouvelles règles. Ils ont avant tout besoin de clarté dans tout : de sentiments clairs et de limites claires, de discussions claires et d'amour limpide, d'une discipline claire et d'une grande liberté.

Notre société donne une définition précise des concepts « normal » et « anormal ». Mais que signifie normal au juste ? Il est effrayant de constater avec quelle rapidité la tendance (issue des États-Unis) à prescrire des calmants aux enfants présentant des dons de médiumnité ou des troubles déficitaires se propage. C'est comme si l'ordre avait été donné de les élever pour en faire des produits les plus conformes possible à la société, afin d'empêcher toute évolution.

Or j'ai le sentiment que leur comportement n'a plus uniquement à voir avec l'évolution sociale « normale » de notre société. Il cache davantage. C'est ce que je me propose de vous faire découvrir dans ce livre. Ce dernier est également un appel à tous les êtres humains de la Terre, à devenir conscients de chaque instant, à en voir toute la beauté et à agir ensuite.

Que se passe t-il actuellement dans notre monde ?

Chaque jour, nous observons que les enfants comme les parents, les enseignants, les médecins et les thérapeutes sont en détresse et ne savent plus à quel saint se vouer. De plus en plus souvent, des enfants se voient prescrire des médicaments lourds dès la maternelle, soit entre trois et six ans, parce que leur comportement n'entre pas dans la norme. Se peut-il que notre impuissance nous pousse à tout faire pour que nos enfants se conforment à nos conditions sociales ? J'aimerais montrer, dans ce livre, que leur existence a un sens plus profond et qu'ils sont venus sur Terre pour nous offrir une chance de grandir. En cherchant à comprendre ces enfants d'un nouvel âge, nous apprenons par là même à nous connaître nous-mêmes et à appréhender notre être d'une façon différente.

Les thèmes en rapport avec les enfants indigo sont abordés sous un nouvel éclairage et avec une orientation pratique qui vous invite à la découverte de leurs merveilleuses qualités. Je considère cet ouvrage comme un travail de pionnier car, au moment de sa rédaction, il n'existait aucune étude scientifique, statistique ou médicale sur laquelle je pouvais me baser, hormis mes expériences personnelles et celles des nombreux enfants, parents et spécialistes avec lesquels je suis en contact. Ce livre a avant tout pour but d'inciter le lecteur à considérer sous un jour nouveau ces enfants différents ou semblant souffrir (en apparence seulement) de déficience mentale. Mon intention est d'inviter un grand nombre de lecteurs issus de milieux divers à remettre en question les croyances et principes surannés. Notre monde a pris une orientation très matérielle et rationnelle, se créant ainsi lui-même des limites. Les enfants indigo en revanche, ces messagers du nouvel âge, ne connaissent aucune limite, ce qui ne cadre pas avec la structure actuelle de notre société.

Grâce à ce livre j'aimerais aider les lecteurs à ériger un pont. De nos jours tant d'enfants forts et merveilleux viennent au monde avec des qualités, des capacités et des missions extraordinaires. Ils apparaissent comme sur commande, à ce tournant de l'histoire, pour accompagner l'humanité et notre Terre dans un processus de transformation. Nous vivons à une époque où tout va toujours plus vite : les informations se bousculent, nous bombardent en des quantités et à une vitesse telles que, lorsque nous devons prendre des décisions, nous sommes contraints de nous fier toujours plus à notre intuition et à notre discernement. Mais cela signifie également que nous devons entrer à nouveau en contact plus étroit avec nous-mêmes, car nous ne pouvons plus peser nos décisions par le seul biais de l'intellect. Nous devons apprendre à accepter la responsabilité de notre vie, de nos actes, de nos pensées, de nos sentiments, de notre vulnérabilité et de nos aspirations.

Les enfants indigo ont une grande mission devant eux : du fait de leur absence de limites, ils sont capables d'apporter une paix mondiale. Cependant, pour pouvoir s'épanouir, ils ont besoin que nous ouvrions nos cœurs. Ils arrivent dans un monde où les gens souffrent mais craignent malgré tout le changement. Beaucoup ont renoncé à leur rêves et ne regardent souvent plus le monde qu'à travers les yeux des autres. Ils ont oublié ce que c'est que de vivre l'essence de la vie et ressentent par conséquent souvent une affliction inimaginable. À ce propos, il est important de se rappeler qui l'on est, que chacun doit suivre son propre chemin et est libre de choisir celui qui lui convient. Les enfants indigo revendiquent cette responsabilité. Ils savent qui ils sont, sentent ce qui est bon pour eux et ce qui ne l'est pas. La plupart du temps, ils savent exactement ce qu'ils doivent faire et comment ils peuvent le mettre en œuvre. Ils débordent d'amour inconditionnel, sont tolérants, et porter des jugements est quelque chose qui leur est étranger. Leur vœu commun est que nous les soutenions et les aidions à tirer parti des dons reçus, pour qu'ils puissent remplir leurs missions de vie. Ils souhaitent également voir l'humanité se souvenir de ses rêves et de ses idéaux afin de les manifester dans la vie.

Le livre que vous tenez entre vos mains n'est pas un recueil d'histoires d'enfants prodiges, ni un guide expliquant comment rendre le comportement de votre enfant à nouveau conforme au système. Mon intention est plutôt de libérer les parents d'enfants indigo de leur sentiment de culpabilité et de leur faire prendre conscience qu'ils sont les témoins d'un merveilleux processus d'évolution et de transformation auquel l'humanité aspire depuis longtemps. J'aimerais inviter tous les lecteurs à essayer de surmonter ensemble les difficultés que cette transformation apporte avec elle. C'est pour donner du courage aux parents que je leur fais don de mes connaissances et de mon expérience…

Tout d'abord, il est important de trouver le courage de vous questionner personnellement sur la situation, de la regarder en face et de l'évaluer, pour ensuite agir guidé par le cœur et la voix intérieure. Puis, il faut que vous ayez le courage de réviser votre conception des choses, d'accepter votre part de responsabilité dans la situation de votre enfant, de reconnaître et dissoudre votre sentiment de culpabilité, et d'oser vous lancer dans l'inconnu. En outre, la transformation exige le courage d'abattre les vieux systèmes, de s'aimer et de s'accepter soi-même ainsi que les autres, et également le courage de vivre ses propres rêves. Enfin, elle demande le courage d'aller à la rencontre d'autres parents pour, à travers la collaboration et l'échange, reconnaître les intérêts communs et obtenir ce qu'il y a de mieux pour les enfants.

J'espère avoir su exprimer l'importance des enfants indigo et de leur rôle, afin de réveiller en chaque parent et en chaque responsable d'enfants la volonté d'agir et de faire évoluer les choses dans ce monde. Car les enfants sont ce qu'il y a de plus précieux sur cette Terre. Ils sont l'avenir. Nous leur devons tout notre amour. Ils méritent ce que nous pouvons leur offrir de mieux. Essayons d'entreprendre quelque chose ensemble. Révisons nos vieux schémas de pensée et libérons le côté merveilleux, spirituel et plein d'amour de nos enfants, du spectre du syndrome et de la maladie pour le mettre en lumière… alors seulement, les enfants pourront faire pleinement don de leur amour inconditionnel au monde et à l'humanité. Une seule chose compte en réalité :

l'amour.

Une des qualités les plus importantes à l'avenir : l'intégrité.

La rédaction de ce livre m'a ramenée à ma propre venue sur cette planète Terre. Dès ma naissance, j'ai commencé à voir le monde à travers les yeux d'un enfant indigo. Ces derniers mois j'ai découvert que je suis liée à ces enfants par un contrat spirituel qui m'engage à écrire et à transmettre leurs messages et leurs besoins.

Guidée par une aspiration à quelque chose que je croyais perdu, mais que je ne parvenais pas à décrire, je suis toujours revenue, depuis l'enfance, sur le chemin spirituel. Au cours d'années d'expérimentation, durant lesquelles j'ai essayé d'exprimer mon aptitude à voir derrière la surface des choses et à percevoir les énergies sur la Terre, j'ai découvert combien le fait d'être un être humain est important, car l'Homme fait le lien entre le ciel et la Terre.

J'ai cherché à mieux comprendre les relations qui existent entre les lois spirituelles universelles, le corps physique, les blocages émotionnels et notre environnement énergétique, et à les expliquer aux autres. Ce faisant, j'ai toujours placé le développement du corps lumineux* au premier plan et considéré l'âme* comme partie intégrante de la personnalité. J'ai pris conscience de l'importance pour l'Homme d'envisager sa vie sous un angle plus élevé. C'est ainsi que, personnellement, je suis parvenue à mon état de conscience actuel.

---

* L'astérisque renvoie au glossaire en fin d'ouvrage.

Cet enrichissement intérieur de mon existence m'a permis de mieux comprendre les nouveaux enfants et de vous faire partager mes découvertes.

Au cours de la rédaction, des souvenirs d'expériences d'enfant et d'adolescente sont régulièrement remontés à la surface. Elles demandaient à être vécues et surtout senties de nouveau. Dans ma jeunesse, il n'était pas facile de trouver des adultes disposés à parler de la perception extrasensorielle. C'était exceptionnel lorsque je rencontrais quelqu'un qui me croyait et m'accordait sa confiance. Petite, je présentais beaucoup de caractéristiques des enfants indigo. Je me sentais différente des autres enfants, j'avais du mal à m'adapter, et parfois le monde entier me semblait étranger. Ma sensitivité et une légère forme d'asthénie ne me facilitaient pas les choses. J'étais et me sentais différente, mais malgré tout, j'étais en même temps parfaitement « normale ». J'avais un puissant désir d'être reconnue et acceptée dans ma « différence », mais il me fallait apprendre à faire avec le rejet des autres dans de nombreuses situations. Les activités artistiques, ma relation privilégiée avec les chiens et les balades quotidiennes dans la forêt étaient mon seul refuge. Les choses sont nettement plus faciles pour les nouveaux enfants, car aujourd'hui, dans toutes les couches de la société on trouve des personnes qui s'éveillent spirituellement. Celles-ci sont à même d'aider les enfants indigo dans la mesure où elles constituent simplement un exemple pour eux.

Depuis que je travaille à la rédaction de ce livre, j'observe chaque jour combien les gens sont profondément touchés lorsqu'ils entendent parler des enfants indigo pour la première fois. Je suppose que cela doit raviver en eux des souvenirs. Ils commencent alors spontanément à partager les sentiments de ces enfants et à les comprendre. Ainsi ce livre est né dans l'espoir qu'il puisse toucher le cœur de nombreux parents. J'émets le vœu que les dogmes, principes et schémas de pensée, qui camouflent depuis trop longtemps notre lumière, appartiennent bientôt au passé. Comme ce serait merveilleux de créer avec les nouveaux enfants une vie pleine de joie et d'amour ! L'heure est venue pour nous tous de sortir du labyrinthe et de trouver le moyen de grandir avec eux.

Avec amour,
Carolina Hehenkamp
Le 28 mars 2000

Remerciements

La rédaction de ce livre a nécessité des recherches fouillées. J'ai conduit un grand nombre d'entretiens avec des collègues, des parents et des professionnels des crèches, des écoles, du milieu thérapeutique et autres. J'aimerais remercier ici tous ceux qui m'ont aidée, pour leur investissement personnel, leur compréhension et leur amour pour les nouveaux enfants. Internet, qui m'a permis de « surfer » autour du globe, s'est également avéré une précieuse source d'informations et un excellent moyen de communication. Au cours de cette phase, de beaux et nombreux contacts internationaux se sont créés.

Je me suis surtout rendu compte à quel point il avait été important pour moi d'avoir quelques personnes pour m'accompagner et rester à mes côtés quoi qu'il arrive, des personnes qui m'ont accordé leur confiance et ne m'ont pas abandonnée. J'aimerais principalement remercier Hedda Jank, chromothérapeute et psychothérapeute pour enfants et adolescents, pour sa capacité de jugement et la clarté de ses appréciations. Elle fut pour moi la première épreuve à passer. J'aimerais ensuite remercier Jutta Beuke et Olivia Baerend, deux femmes expérimentées du milieu de l'édition, pour leur confiance dans mon projet. Elles symbolisent la première porte que j'ai dû franchir. Je tiens également à remercier Angelika Dufter-Weis, pédagogue pour enfants et collaboratrice du service de consultation psychologique pour surdoués de l'université de Munich, pour sa franchise naturelle et la spontanéité avec laquelle elle m'a soutenue. J'aimerais remercier ma mère de tout mon cœur, qui sans vraiment connaître mon projet, a entrepris de m'aider là où elle le pouvait. J'ai écrit ce livre dans le sud de l'Espagne, en compagnie de mes deux chiens (des Bearded Collie âgés de 10 et 15 ans) dont la présence équilibrée et la joie de vivre m'ont été d'un grand secours. J'espère qu'en le lisant, vous sentirez le soleil du sud rayonner jusqu'à vous !

On dirait souvent que les enfants indigo veulent être traités comme des adultes.
C'est inexact.
Ils désirent simplement être traités comme des âmes à part entière
et espèrent pouvoir conserver longtemps en eux
tout ce que l'enfance a de précieux.

Chapitre 1 :

L'indigo et sa signification

1.1 Qu'entend-on par enfant indigo ?

Partout dans le monde les gens sont frappés de découvrir que de plus en plus d'enfants ont un comportement insolite et ne se conforment pas aussi facilement à la norme que les générations avant eux. Ils sont appelés « les nouveaux enfants » ou encore « les enfants du nouvel âge ».

Avec son ouvrage *Understanding Your Life Through Color* (= comprendre votre vie grâce aux couleurs) paru il y a plusieurs années, la chromothérapeute américaine Nancy Ann Tappe fut l'une des premières à aborder le sujet des couleurs de vie. Beaucoup reprirent ce concept et obtinrent des résultats. Selon sa théorie chaque individu a une couleur de vie déterminée, parfois deux ou plus. Les couleurs de vie sont comme des enveloppes de couleur. Elles sont visibles dans l'aura et chacune porte en elle des traits de caractère humains déterminés, nettement reconnaissables pour qui sait observer.

Mon livre traite des enfants nouveaux, également baptisés enfants indigo. Un enfant indigo est un enfant dont la couleur de vie est l'indigo, il présente les traits de caractère propres à l'indigo et les exprime. En principe, chaque enfant a une couleur de vie personnelle, par exemple, il est possible d'avoir le rouge, le vert, le jaune, le bleu, ou encore une combinaison de deux ou plusieurs de ces couleurs. L'enfant à la couleur de vie indigo présente une personnalité et des traits de caractère parfois difficiles, nouveaux et inhabituels pour nous et que notre société a du mal à dompter. Les parents et les enseignants ont par conséquent été contraints, ces dernières années, de changer radicalement leur façon de penser et d'appréhender d'une manière différente les enfants qui leur sont confiés. Dans les écoles et les crèches, de nombreux signes indiquent clairement que les nouveaux enfants ont vraiment quelque chose de « différent ».

Leur nom est tiré de la couleur de vie indigo, une caractéristique parmi d'autres de ces enfants du nouvel âge qui arrivent sur notre planète, mais qui revient de façon si systématique chez eux que la plupart des thérapeutes américains les appellent aujourd'hui « les enfants indigo » ou « les indigos ». Dans quelques années, lorsque nous en saurons davantage sur ce sujet, nous serons sûrement plus en mesure d'interpréter leurs diverses missions, leurs différents potentiels et leurs différentes particularités, et peut-être pourrons-nous même distinguer différents groupes.

Voici quelques traits de la personnalité des enfants indigo :

- ils sont conscients, intérieurement, de la vérité de la vie ;
- ils vivent selon des principes plus élevés ;
- ils savent que nous devrions vivre en harmonie avec nous-mêmes et notre environnement ;
- ils possèdent souvent en eux des aspects à la fois masculins et féminins (type androgyne) ;
- ils savent qu'il existe quelque chose au-delà de ce que nous voyons ;

- ils pensent que la matière et la vie physique sont des illusions. Ils savent que la vie est constituée d'énergie ou de conscience vivante ;
- ils savent que tout dans l'univers est relié. Contrairement à nous, ils ne voient pas le temps, l'espace, la distance et la forme comme des choses séparées ;
- ils sentent au fond d'eux que toute vie devrait être respectée et traitée avec intégrité, amour et compassion* ;
- ils comprennent plus facilement les concepts spirituels que les matériels ;
- ils ne se laissent pas enfermer dans les idéaux et les croyances dépassés ;
- il est impossible de les forcer à faire une chose à laquelle ils ne croient pas ;
- ils n'acceptent pas l'autorité de personnes qui ne partagent pas leurs vues éthiques. Même la pression sociale ne parvient pas à les soumettre ;
- ils ne croient pas aux principes de culpabilité et de sanction et se laissent donc difficilement punir ;
- ils refusent d'être mis dans un moule ou catalogués une fois pour toutes ;
- ils doivent impérativement pouvoir vivre leur vie en accord avec leurs principes élevés, sans quoi ils deviennent dépressifs, autodestructeurs et angoissés ;
- ils sont sincères, francs et indépendants ;
- ils n'ont souvent pas bien conscience de leur corps, sont mal ancrés ;
- leurs cinq sens sont très affinés, si bien qu'ils peuvent être facilement surexcités et surmenés ;

- ils sont hypersensibles en ce qui concerne la nourriture. La nourriture naturelle et biologique est celle qui leur convient le mieux ;
- ils communiquent facilement avec les animaux, les plantes, les autres enfants et la nature ;
- il n'est pas rare de les surprendre en train de discuter avec des amis « invisibles ». Ils sont alors souvent accusés d'avoir trop d'imagination, voire catalogués comme « psychologiquement étranges » ;
- pour eux, tout vit. Ils ont donc souvent du mal à se séparer des choses. Ce n'est pas qu'ils accordent une importance exagérée aux objets matériels, mais ils estiment l'« esprit » contenu en eux ;
- ils ont du mal à exprimer ce qu'ils pensent. Le langage est souvent trop limité pour eux ;
- ils ne voient personnellement pas de frontière entre le jeu, l'éducation, les relations et le travail. Pour eux, tous ces aspects de la vie s'articulent dans une expérience globale ;
- ils sont extrêmement sensibles et pleurent facilement ;
- ils ont besoin de très peu de sommeil, juste assez pour régénérer le corps physique ;
- ils ont tendance à faire cavalier seul, car ils sont rarement compris ou acceptés par les autres enfants et leur entourage ;
- ils ont un sens prononcé de ce qui est juste et de ce qui ne l'est pas et n'ont pas besoin de discipline. En revanche, ce dont ils ont besoin c'est de structures claires ;
- ils contestent fortement leurs parents et enseignants qui ne les autorisent pas à agir selon leurs propres convictions ;

– ils ont soif d'apprendre et n'aiment pas, ni ne se satisfont de réponses simplistes et toutes faites que l'on sert depuis la nuit des temps. Ils ont besoin de sentir qu'on leur donne de « vraies » réponses ;
– il leur est difficile de s'identifier aux thèmes habituellement enseignés à l'école. La plupart du temps, ils ne voient pas de lien entre ces thèmes et la vie spirituelle, à l'aune de laquelle, selon eux, toute chose se mesure ;
– ils s'occupent souvent des enfants auxquels il est fait du tort ou que l'on traite injustement ;
– ils ont un sens marqué de la justice.

Bon ou mauvais côté de la personnalité ?

Les enfants indigo, et bon nombre d'autres enfants nouveaux, n'ont pas de grosses tares karmiques*. Ils naissent dans des régions du monde déjà ouvertes à une vie plus consciente. Ce qu'il faut avant tout comprendre, c'est que nous devons les aider à développer leur personnalité et leur caractère en les accompagnant de manière appropriée car, si nous les guidons mal, ils développeront et exprimeront davantage les côtés sombres de leur personnalité. Nous avons le choix, et il est dans le devoir des parents, des enseignants et du monde entier d'être attentifs et de décider de la direction que nous désirons tous prendre. Les enfants sont l'avenir. Dans vingt ans ils seront aux commandes. Pour se découvrir émotionnellement et spirituellement, les enfants indigo ont besoin de beaucoup d'espace. Ils ont besoin d'une grande liberté pour pouvoir agir selon leurs croyances et découvrir la vie. Un cadre bien défini et clair, accompagné d'amour inconditionnel, leur offre le soutien indispensable pour développer le beau côté de leur personnalité et l'exprimer.

En quoi les enfants indigo se distinguent-ils des autres enfants ?

En dehors de leur personnalité particulière, la différence la plus importante tient dans leur réaction face aux situations conflictuelles. Contrairement aux autres enfants, l'enfant indigo s'implique émotionnellement peu dans les conflits, et il s'avère qu'il n'est pas si facilement affecté.

L'enfant « normal » encaisse davantage les humiliations sans broncher, se soumet plus facilement et capitule, même si l'on se montre injuste envers lui. En revanche, la réaction de l'enfant indigo est plus radicale : si on l'abaisse et le ridiculise, la plupart du temps il ressent cela comme une terrible trahison qui peut avoir de graves conséquences. Un enfant indigo sait toujours quand on lui ment. Résultat, il se referme comme une huître n'a PLUS DU TOUT confiance.

L'enfant indigo accepte difficilement de ne pas obtenir tout ce qu'il réclame. C'est un roi, ou une reine, et c'est aussi ainsi qu'il se sent. Ceux qui ont la charge de ces enfants sentent cet orgueil, qu'ils estiment déplacé, et jugent souvent ces enfants têtus, bornés et difficiles. Mais si nous cherchons à les comprendre, les accompagnons en essayant de nous mettre à leur place, nous pouvons les aider à développer un amour-propre raisonnable et leur permettre de s'intégrer dans leur entourage.

Les enfants indigo peuvent tout aussi bien être une bénédiction qu'un immense défi, selon l'environnement dans lequel ils évoluent. Lorsqu'un groupe d'enfants « fonctionnant selon les vieux schémas » comporte un seul enfant indigo, on lui colle vite l'étiquette de fauteur de troubles et de marginal. À l'intérieur de lui, il s'écrie : « Pourquoi personne ne m'accepte ? Pourquoi les autres enfants ne me comprennent pas ? Pourquoi agissent-ils de la sorte ? » Il est alors souvent en colère et frustré, et commence à se rebeller. On observe de plus en plus souvent ce phénomène au sein de la famille, à l'école ou au jardin d'enfants. Les enfants indigo sont prêts à tout pour défendre leur dignité, leurs points de vue et leur connaissance, et les montrer au monde.

Peut-être devrions-nous nous demander comment nous réagirions à leur place, si nous devions vivre avec ce fort sentiment d'appartenance à un monde qui nous est pourtant hostile, parfaitement conscients de qui nous sommes mais pas du tout reconnus. Et qu'éprouverions-nous si, par-dessus le marché, on nous traitait comme des marginaux ou des perturbateurs, et non pas comme les nobles êtres que nous sommes en réalité ?

En réponse à ce manque d'égards pour ce qu'ils sont, les enfants développent principalement les aspects négatifs de leur personnalité, et deviennent ainsi encore plus difficiles à supporter pour leur famille et leur entourage. Le TDA et le

THDA (trouble déficitaire de l'attention et trouble de l'hyperactivité avec déficit de l'attention) sont des conséquences par trop répandues. De même, l'agressivité envers les enseignants ou un profond ennui, excepté lorsqu'ils sont « dans leur monde » ou jouent à l'ordinateur, une grande méfiance vis-à-vis des autres et l'isolement social, sont devenus leurs problèmes quotidiens.

Ces enfants soit se coupent complètement de la réalité et s'immergent dans leur monde à eux pour survivre, soit ils font tout le contraire, à savoir se rebellent et crient à l'aide. C'est à ce stade que de nombreux parents et enseignants voient les psychotropes comme le seul remède possible. Les parents administrent des médicaments à leurs enfants pour mener une vie familiale à peu près normale, dans laquelle tous seront à même de s'épanouir. Cela peut être utile en cas d'urgence mais ne saurait être envisagé comme la seule solution. Il est impératif et urgent de modifier notre attitude. Les choses doivent changer !

Jusqu'à aujourd'hui, il n'existait pas de réseau mondial réunissant les personnes concernées par le problème, à savoir les parents, les enseignants, les thérapeutes et les éducateurs. Nous commençons seulement lentement à échanger nos informations sur ces enfants. Internet est un média moderne et planétaire qui rend cet échange possible au niveau international. L'heure est venue de réagir, car de plus en plus d'enfants indigo viennent au monde et nous forcent par leur comportement à ouvrir les yeux sur notre vérité ou, plus exactement, sur notre monde illusoire. Un but important de ce livre est de promouvoir l'information, les échanges et la coopération entre tous les individus concernés.

En dehors du phénomène indigo, ces dernières années et un peu partout sur la Terre, d'autres qualités surprenantes sont également apparues chez les enfants et des événements stupéfiants sont survenus. Depuis quelques années, les Américains Lee Carroll et Drunvalo Melchizedek communiquent des informations précieuses offrant une vue globale du phénomène de la nouvelle génération. Ils ont éveillé l'attention du monde sur ce sujet, et désormais beaucoup pensent qu'un nouveau type d'Hommes est en train d'apparaître et que ces êtres nouveaux viennent pour nous guider à travers les transformations à venir.

Voici quelques événements étonnants survenus avec des enfants :

1. Certains enfants, chez qui le test du sida s'était révélé positif à la naissance, ne présentaient, lors d'un contrôle quelques années plus tard, plus aucune trace de la maladie. Quelques-uns ont fait l'objet d'années de recherches et d'examens et ont été soumis à des tests réguliers. Les résultats ont montré qu'ils ne possédaient pas un ADN* comme les autres (l'ADN, ou acide désoxyribonucléique, est porteur de l'ensemble des informations héréditaires et donc de notre code génétique. Il est présent dans chacune des cellules de notre corps). Ces enfants présentaient quatre brins d'ADN de plus que la normale, ce qui signifie simplement qu'ils sont plus

évolués que la majorité d'entre nous. En outre, les résultats des tests ont montré qu'ils n'étaient jamais atteints d'aucune maladie. Ils sont tout simplement immunisés contre tout ! L'université californienne UCLA a effectué des tests d'ADN dans le monde entier et estime que 1 % de la population mondiale possède ce nouvel ADN.

2. En Chine, au milieu des années 80, des enfants extralucides ont été découverts. Ils savaient tout sur tout. Ils pouvaient voir à travers les murs, avaient une intuition très développée, des capacités extrasensorielles, et bien plus encore. Plus tard, un nombre accru d'enfants (et d'adultes) dotés de dons semblables a été repéré. Récemment, on a pu constater que les enfants extralucides sont répartis un peu partout dans le monde.

3. Il y a aussi les fameux enfants « resilience ». « *Resilience* » est un terme anglais qui signifie résistance. Ce sont des enfants qui ne se laissent jamais décentrer, bien qu'ils vivent dans des conditions extrêmement pénibles, par exemple dans des familles complètement déracinées. On dirait que ce qui les entoure ne les atteint pas, ils restent parfaitement « indemnes ». On les appelle également les « enfants invulnérables ». En Suisse, un projet devrait bientôt démarrer avec ces enfants.

Ces différents groupes d'enfants présentent les points communs suivants :

a. Ils sont centrés au niveau du cœur et sont sur Terre pour aimer.
b. Leur pensée est exclusivement gouvernée par l'idée d'unité, être Un, « tout ne fait qu'un ».
c. Leur expérience des choses est globale, car ils ont cette capacité de percevoir les choses à différents niveaux en même temps.
d. Ils sont conscients de la loi des polarités, ou loi des extrêmes, et ne connaissent pas la dualité, l'opposition bien/mal.

Le thème des « enfants du nouvel âge » est très en vogue. Beaucoup ont commencé à approfondir le sujet pour déterminer ce que l'on sait réellement, à travers le monde, sur ces enfants pas comme les autres. Il ne fait aucun doute qu'ils existent, mais à l'avenir il va nous falloir en apprendre davantage sur eux. Alors seulement nous pourrons affirmer avec certitude ce que beaucoup ne font que supposer à l'heure actuelle, à savoir : il existe dans notre monde des enfants ayant une façon d'être bien différente du comportement classique !

1.2 Caractéristiques de la couleur indigo

Différents systèmes de couleurs associent les modèles comportementaux humains à des catégories de couleurs précises. On peut se permettre d'attribuer ainsi des couleurs, car celles-ci ont une signification symbolique qui s'étend à l'expression des émotions et des comportements. Au fil de nombreuses années d'observation, la définition de ces catégories s'est affinée. Parmi ces catégories de couleur figure l'indigo qui dévoile de façon claire et juste les caractéristiques et les talents de ce nouveau type d'enfant.

Voici, dans le désordre, quelques caractéristiques du groupe indigo :

Caractéristiques positives :

- ils voient au-delà de ce que nos yeux sont capables de voir ;
- équilibre entre le « matériel » et le « spirituel » ;
- couleur électrique, rafraîchissante et purifiante ;
- ils savent, tout simplement, mais ne savent pas pourquoi ils savent ;
- ils sont reliés à un niveau plus profond de l'intuition féminine ;
- ils ont le courage de franchir le seuil du monde spirituel, avec une foi dans ce qui est invisible à nos yeux ;
- neutralité, objectivité et acceptation ;
- ils sont à l'écoute d'eux-mêmes et font confiance à leur voix intérieure (communication avec leur Moi profond) ;
- ils sont en quête de la vérité spirituelle ;

- force et endurance ;
- confiance en soi ;
- discipline ;
- grand talent de planification et d'organisation ;
- présence rayonnante, attitude noble, grande élévation spirituelle* ;
- ils sont inspirés, ont le don de dire ce qu'il faut au bon moment ;
- intégrité ;
- aspect extralucide de la conscience supérieure : capacité de percevoir les événements passés et futurs ;
- sincérité ;
- absence d'ego ;
- capacité de prendre du recul par rapport aux choses et de les observer sous un angle plus élevé ;
- ils n'ont pas peur pour eux-mêmes ;
- courage ;
- degré certain de maîtrise de soi, en particulier dans les domaines de la concentration, de la méditation, des visions et des perceptions extrasensorielles ;
- chez eux, le parfait contrôle de la conscience élargie l'emporte sur l'intelligence rationnelle ;
- purification naturelle du flux sanguin, capacité de régénération ;
- contrôle des courants psychiques des corps subtils ;
- influence sur la vue, l'ouïe et l'odorat au niveau physique, émotionnel et spirituel.

Caractéristiques négatives :
- suffisance ;

– intransigeance ;
– orgueil ;
– caractère borné ;
– tristesse ;
– attitude de refus ;
– isolement ;
– mégalomanie ;
– idéalisme irréaliste ;
– coupés de la réalité ;
– problèmes d'autorité ;
– sentiment de solitude ;
– dépression ;
– regrets, remords et illusions ;
– peur des responsabilités ;
– tendance à juger.

Les étapes bleu indigo de l'apprentissage spirituel

Chaque être humain se situe à une étape déterminée de son apprentissage spirituel. Ces étapes sont reflétées symboliquement dans les qualités énergétiques affectées aux différents rayonnements* lumineux cosmiques. Dans chaque vie, nous travaillons avec une couleur de rayonnement déterminée. Et, au fil du temps, nous sommes sans cesse appelés à nous débattre avec les particularités de cette couleur et à les convertir.

Afin de vous révéler d'autres qualités de la couleur bleu indigo, j'ai répertorié ci-dessous les étapes bleu indigo de l'apprentissage spirituel.

Positif :

1. *Liberté et simplicité.* Refus de tout ce qui est compliqué, liberté d'esprit favorable au progrès et au foisonnement des idées, indépendance, naturel, sang-froid et sagesse.
2. *Amour de la paix.* Connaissance des lois cosmiques, tendance à aimer sans juger dans toutes les situations.
3. *Imagination, visualisation.* Capacité de voir des images avec l'œil intérieur (troisième œil). Niveau de perception élevé, justesse du jugement.
4. *Amour universel.* Générosité désintéressée et sans réserve, ils rayonnent et attirent la bienveillance.
5. *Art de la médiation et de la transmission.* Faculté d'influencer et d'inspirer les autres, délicatesse et tact.
6. *Tendresse et compassion* envers le sexe opposé.
7. *Communication.* Faculté de communiquer des idées et des sentiments profonds, d'exprimer des idéaux élevés.

Négatif :

1. *Chaos et incertitude.* Confusion concernant leur position et leur propre savoir, attitude hésitante, incapacité à se décider, désordre, manque de clarté, incapacité à traiter de nouvelles idées et à discerner la vérité.
2. *Jugement.* Discrimination, regard négatif, isolement.
3. *Orgueil et intransigeance.* Résultat de la tendance à juger et à penser en termes de niveaux de valeur (plus

élevé/moins élevé, mieux/moins bien, etc.), intempérance, égoïsme, caractère borné, tendance à se justifier, aspect négatif de Jupiter.

4. *Rigidité.* Résultat du jugement intransigeant, trop grande exigence vis-à-vis de soi-même et des autres, incapacité à faire des compromis, attitude répressive.

L'indigo et ses correspondances à d'autres niveaux

Des couleurs sont également associées aux différents archétypes, aux types de comportement, organes ou parties du corps physique, pierres précieuses, plantes, minéraux, animaux, etc. De même, chaque élément émet une vibration, ou fréquence, chromatique déterminée. Par exemple, la fréquence chromatique prédominante de l'oxygène correspond au bleu. Chaque élément a une couleur et une vibration propre qui lui correspond. Il est par conséquent possible de fournir à un corps les éléments qui lui manquent sous la forme de couleurs, ce qui constitue un des moyens thérapeutiques les plus simples et en même temps les plus exacts jamais mis au point : la fameuse chromothérapie (thérapie par les couleurs). Afin d'examiner sous tous les angles les raisons pour lesquelles les nouveaux enfants ont été baptisés « enfants indigo », voici une petite liste des principaux éléments correspondant à l'indigo :

– centre énergétique de l'indigo : 6ème chakra*, également appelé troisième œil ou siège de la conscience christique ;

– son : OM ;
– force : l'énergie électrique ou télépathique ;
– archétype : prêtre ou magicien ;
– glandes et organes : hypophyse, épiphyse, cerveau et oreilles ;
– pierres précieuses : diamant, lapis-lazuli, azurite, fluorite, saphir bleu ;
– éléments chimiques et métaux : bismuth, brome, chlorhydrate, chrome, cuivre, fer, plomb, potassium, strontium, titane.

J'aimerais ici m'attarder un peu plus sur les pierres précieuses associées aux enfants indigo, car celles-ci nous permettent de tirer des conclusions supplémentaires sur ces enfants et le sens de leur existence.

L'indigo est principalement associé au diamant. Le rayonnement du diamant est perçu comme étant blanc par l'œil humain. Or la véritable couleur d'une pierre précieuse se dévoile uniquement à l'aide d'un prisme : si l'on observe un diamant à travers un prisme, il apparaît bleu indigo. Le diamant est considéré comme « le roi des cristaux ». Il symbolise le soleil au centre du système solaire, une énergie qui s'autogénère, ne s'épuise jamais et n'a jamais besoin d'être « rechargée ». Ci-après se trouve la liste des caractéristiques du diamant. Force est de constater qu'elles coïncident fortement avec celles de la personnalité des enfants indigo !

D'après la théorie sur les pierres précieuses, le diamant :
– stimule l'unité, l'amour de soi et des autres ;

- éveille la pureté et la constance, « pierre de l'innocence » ;
- donne de la confiance dans les relations et les diverses situations ;
- donne de la confiance dans ses propres caractéristiques émotionnelles ;
- donne des ailes à la créativité, à l'imagination, au génie inventif ;
- active le chakra coronal ;
- aide à ôter le voile qui encombre la raison, afin de mieux discerner sa voie ;
- aide à atteindre la plénitude dans tous les domaines de la vie.

1.3 *Lumière et couleurs*

La lumière est un phénomène dont nous faisons tous quotidiennement l'expérience. Depuis la plus haute antiquité, nous connaissons la lumière comme étant l'opposé de la pénombre. Nous savons que lorsque le soleil se lève à l'est, la lumière du jour réapparaît et que lorsque, le soir, il se couche à l'ouest, il fait à nouveau sombre. Nous utilisons la lumière pour éclairer nos maisons et nos rues, afin de pouvoir distinguer les choses dans le noir. Mais qu'est-ce que la lumière en réalité ?

Jadis, on définissait la lumière comme étant le contraire de la pénombre, mais aujourd'hui nous savons que la lumière est une forme d'énergie. La lumière se propage sous forme d'ondes, exactement comme l'eau lorsqu'on jette une pierre dedans. Dans un espace vide ou rempli de matière transparente, les rayons lumineux, ou ondes lumineuses, se propagent dans tous les sens de façon rectiligne.

Les corps émettent des rayons lumineux qui parviennent à notre œil :

1. Soit nous recevons la lumière directement du corps, qui est une source de lumière et génère sa propre lumière, comme le soleil.
2. Soit nous recevons la lumière de façon indirecte, parce qu'elle est réfléchie par le corps, comme elle est par exemple réfléchie par cette page, ce qui vous permet de lire.

En 1672 Isaac Newton a démontré que la lumière blanche est en réalité constituée de plusieurs couleurs. Lorsque la lumière traverse un prisme, elle se décompose en rouge, orangé, jaune, vert, bleu, indigo et violet, à savoir les couleurs de l'arc-en-ciel. Si l'on répète l'opération en faisant cette fois passer les couleurs dans l'autre sens à travers le prisme, celles-ci se rassemblent pour former à nouveau une lumière blanche. Il s'agit là des couleurs que l'œil humain est capable de voir, à condition bien sûr qu'il ne soit pas atteint de daltonisme. Réunies elles forment le spectre de couleurs et sont donc également appelées couleurs spectrales. Chacune d'elles correspond à une longueur d'onde bien déterminée du rayonnement lumineux.

Naturellement, l'éventail des couleurs existantes est plus large que cela. Les animaux, par exemple, peuvent, en plus de ce spectre, voir les lumières infrarouge et ultraviolette. Les plantes tirent la majeure partie de leur énergie de la lumière solaire, principalement de la portion infrarouge invisible à nos yeux. Nous autres, êtres humains, sentons aussi l'énergie provenant de la lumière infrarouge ou ultraviolette, sinon nous n'aurions pas cette sensation de chaleur ou de brûlure lorsque nous sommes exposés à la lumière solaire. Le fait que nous ne voyions pas cette lumière, ou autrement dit ses couleurs, est dû à la limitation de nos sens. Il arrive que, dans la nature ou au cours d'un rêve, nous percevions des couleurs merveilleuses que nous sommes ensuite incapables de décrire, parce que celles-ci dépassent notre perception « normale », ainsi que notre vocabulaire.

Comment les couleurs naissent-elles ?

Les molécules de couleurs possèdent quelques électrons libres, qui ne sont plus rattachés au noyau atomique mais font le tour de la molécule entière. Les couleurs du spectre ont des longueurs d'onde différentes, exprimées en nanomètres. La longueur d'onde de la lumière rouge (chaude) est beaucoup plus grande que celle de la lumière violette (frais). Beaucoup de gens, indépendamment de leur degré de conscience, perçoivent des couleurs différentes ou une intensité différente pour la même couleur. En fonction de cela, il existe de nombreux systèmes de couleurs différents, de nombreuses interprétations et chromothérapies différentes. Les clairvoyants, qui sont parvenus à un haut degré de conscience, voient des couleurs dans l'aura des gens que d'autres, clairvoyants ou non, perçoivent très différemment.

Le spectre de couleurs : rouge, orangé, jaune, vert, bleu, indigo et violet, ne représente qu'une partie de l'ensemble du spectre électromagnétique qui nous entoure. D'autres composantes de ce spectre sont, par exemple, les rayonnements du soleil, de l'ampoule électrique, du fer à repasser, du four, du chauffage ou encore les rayons cosmiques provenant de l'univers. Toutefois, nos yeux ne sont capables de percevoir que la partie des vibrations lumineuses correspondant aux couleurs spectrales. Dans de nombreux systèmes de couleurs, la lumière, avec laquelle on travaille, est donc également décrite comme la lumière vivante visible.

Nous autres, êtres humains, avec les plantes et les animaux à l'exception des organismes unicellulaires, émettons de la lumière avec des intensités et des répartitions spectrales différentes (c'est-à-dire des couleurs différentes). Cette énergie a été mesurée pour la première fois dans les années 70, et des milliers d'expériences à travers le monde ont prouvé son existence : les cellules vivantes transmettent des informations biologiques par l'intermédiaire des photons* ! Notre organisme est une mécanique gigantesque et incroyablement complexe. Environ 50 000 processus de régulation ont lieu par seconde au cours des activités biochimiques de la cellule. Ces processus sont influencés par l'extérieur, notamment par la nourriture, les médicaments ou les produits toxiques.

Les couleurs sont vitales dans notre vie. Pour les hommes, lumière et couleur ont toujours fait un. Lorsque des rayons lumineux percutent de la matière, ils sont réfléchis par celle-ci. Indépendamment de sa longueur d'onde, le rayonnement ainsi réfléchi est perçu comme une couleur précise par l'œil humain. Les couleurs incarnent, en tant que composantes de la lumière, également différentes parties de la vie et sont de ce fait parties intégrantes du Tout. Nous absorbons la lumière et les vibrations de couleurs qui ont sur nous un effet non seulement physiologique mais aussi psychologique. L'homme, faisant partie du cosmos et de la matière terrestre, est dépendant des lois qui régissent son environnement et y réagit. Nous ne réagissons toutefois pas uniquement à ce qui est visible à nos yeux, mais également à tout ce qui est invisible. L'homme fait partie du Tout, et la lumière et les couleurs font tout simplement partie de notre vie et ont une influence décisive sur notre être ! (voir aussi l'exercice « respirer des couleurs » du chapitre 8).

La distinction des couleurs étant malgré tout à peu près la même chez tous les individus dotés d'une vision normale, les différences d'interprétation concernant la couleur des objets matériels sont comparativement faibles. Après des tests pratiques sur un large échantillon de personnes, un système global de couleur, pouvant servir de base pour tous, a pu être mis au point.

1.4 Les couleurs de vie

Il existe en gros deux moyens de déterminer votre couleur de vie[1]. La première méthode consiste à lire attentivement les descriptions de chacune des couleurs et à sentir laquelle de ces couleurs décrit le mieux votre personnalité. Pour beaucoup, il s'agit d'un moyen très facile de découvrir sa couleur de vie, ou celle de ses amis et des membres de sa famille. La deuxième méthode est un test de couleur qui consiste à répondre à différentes questions. Par un système de points, vous trouvez ensuite votre couleur

---

1. Si vous connaissez d'autres systèmes d'affectation de couleurs, ceux-ci ne contredisent pas nécessairement le système présenté ici. Dans son livre *Die Aura des Menschen*, David Tansley écrit : « même les vieilles écoles philosophiques n'étaient pas d'accord sur les couleurs qu'elles attribuaient aux chakras. Ceci est dû au fait que l'initié voit effectivement des couleurs différentes au fur et à mesure qu'il pénètre plus en profondeur dans le chakra. Les couleurs se modifient dès que des énergies praniques spécifiques sont activées dans le chakra.»

de vie. La découvrir peut vous permettre de comprendre mieux et plus en profondeur les missions et les buts de votre vie. Cela vous explique également pourquoi vous vous entendez mieux avec certaines personnes qu'avec d'autres.

Il est important de noter que les différences entre les différentes couleurs de vie sont parfois subtiles. Ainsi, par exemple, toutes les personnes aux couleurs de vie : bleue, jaune et violette, peuvent présenter les mêmes traits émotionnels. Ils partagent le même désir d'une relation amoureuse mais pour des motifs différents. Ils ont tous une forte aspiration à aider les gens, toutefois chacun à sa façon. Un individu « bleu » aide volontiers les autres au niveau émotionnel, en conseillant, enseignant ou soignant (une infirmière « bleue » sait souvent mieux s'occuper des émotions de ses patients que de leur état physique).

L'individu « jaune » souhaite aider, mais ne s'implique toutefois pas trop. L'individu « violet » souhaite aider les autres, mais si possible beaucoup de personnes à la fois. Il donne de l'énergie aux foules ou les inspire. En revanche, il a rarement la patience ou le désir d'aider une personne isolée.

Suivez attentivement et scrupuleusement l'une de ces deux méthodes et vous sentirez intuitivement quelle couleur (ou quelles deux couleurs) se rapproche le plus de votre vraie personnalité. Statistiquement, il y a autant d'individus avec deux couleurs de vie que d'individus avec une seule. Chez les personnes ayant deux couleurs de vie, l'une des deux est généralement prédominante.

• ***La personnalité « rouge »***

Elle s'exprime par sa sensualité et son corps physique. Elle vit dans le présent, ici et maintenant, avec courage, force et confiance en elle et ne croit que ce qu'elle peut toucher, entendre, sentir ou voir. Sa pensée n'est pas abstraite et elle adore les aspects concrets de la vie. Au sein de cercles spirituels, elle aime « faire », elle construit des églises, organise des événements, danse et chante volontiers avec le groupe. Elle fait toujours passer les défis physiques avant les défis émotionnels et spirituels. Travailleuse énergique et résolue, elle aide les autres à concrétiser leurs idées. Elle peut être honnête et directe, mais également lunatique et colérique[1]. Elle n'hésite pas à se battre, mais il serait bon qu'elle apprenne à évacuer sa colère à travers le sport.

Elle a un puissant instinct de survie, beaucoup d'énergie et d'endurance. Elle est optimiste, digne de confiance, enjouée et loyale, mais peut également se montrer méchante, frustrée, explosive, butée et capricieuse.

Comme enfant :

L'enfant « rouge » est studieux, déterminé à finir ce qui a été commencé, mais peut se montrer très têtu et tempêter ; il provoque facilement les disputes. Il ne désire pas être meneur, mais n'aime pas pour autant être brusqué ou commandé. Il présente une personnalité forte, indépendante, et à l'école, il donne la priorité aux matières pratiques telles que la

1. Théorie des tempéraments : sanguin = joyeux, plein de vie ; flegmatique = lent, profond ; mélancolique = triste, calme ; colérique = irritable, résolu.

mécanique, la menuiserie et la cuisine. Les domaines sans application pratique, comme la philosophie, ne présentent pour lui aucun intérêt. Il a un grand besoin de reconnaissance, se vexe s'il est réprimandé en public, et adore les félicitations. Il est impatient et exprime généralement ce qu'il ressent avec excitation. Il doit apprendre à les communiquer avec plus de sensibilité.

• ***La personnalité « orangée »***

Elle recherche la sensation, aime l'excitation, le risque et le danger physique. Elle aime flirter avec l'extrême pour se sentir vivante : frôler la mort certes, mais avec la dose d'adrénaline qu'il faut ! Elle est réaliste et n'aime pas les concepts abstraits. Elle sait évaluer de façon juste les situations et les gens et s'y préparer psychologiquement. En général, elle vit et réalise ses rêves, a du courage, confiance en elle et peut sortir les autres de situations dangereuses. Elle peut toutefois se montrer aussi très égoïste et nombriliste, de marbre ou sans compassion. Elle n'aime pas les personnalités sentimentales et trop gentilles, peut se montrer froide et hautaine. L'aventure est toute sa vie et elle n'aime pas qu'on la freine.

Comme enfant :

L'enfant « orangé » est un aventurier, il aime crapahuter, sauter dans l'eau le plus haut ou du plus haut possible. C'est un casse-cou, il part sans cesse à la reconnaissance des lieux et adore les défis. Ses parents se font souvent du souci pour sa sécurité physique, tandis que lui pense déjà à l'aventure suivante. Des problèmes de discipline peuvent se présenter.

• ***La personnalité « jaune »***

Personnalité ingénue, pleine d'humour et joueuse. Elle rit volontiers, prend la vie avec optimisme, décontraction et plaisir, sans trop la prendre au sérieux. Elle apporte avec elle légèreté et spontanéité. Elle aime plaire et être remarquée, elle est amie avec tous. En même temps, elle est sensible, vulnérable et facilement embarrassée. Elle est volubile, a besoin de bouger et de jouer, sinon elle risque de tomber dans la toxicomanie. Elle est créative et possède des dons artistiques. Les animaux adorent les individus « jaunes ». Elle sent lorsque les gens ont des soucis, mais ne se laisse pas envahir par leurs problèmes, elle soulage les gens intuitivement par le toucher. Elle est rebelle, sans autodiscipline et recule devant les responsabilités.

Comme enfant :

L'enfant « jaune » est gêné, pas sûr de lui, ou tout le contraire. Il fuit, se cache, est intimidable et a peur de ne pas être aimé. Lorsqu'il se sent sûr de lui, il peut être joyeux et amusant, le clown de la classe. Il est actif et curieux, très agité, peut difficilement rester calme ou assis sans bouger. Le mouvement facilite chez lui la concentration. Il aime conduire des voitures ou des trains, ce mouvement l'apaise et stimule sa créativité. Il veut répandre la joie et réagit vite aux punitions corporelles. Il a besoin de liberté pour être vivant, joyeux, sincère et pétillant.

• ***La personnalité « verte »***

Elle est très intelligente, puissante et claire, organisée et efficace ; elle pense vite et bien. Elle aime les idées et les concepts, mais pas les détails. Elle adore les défis et le risque, a une volonté de fer et aime la discussion. Il lui faut tout contrôler, sans quoi elle est frustrée, stressée ou angoissée. Elle désire tout comprendre et expérimenter, et aime les défis intellectuels. Elle veut tout savoir, apprend vite et collectionne les diplômes. Elle est ambitieuse et « accro au boulot ».

Comme enfant :

L'enfant « vert » est très intelligent, pose beaucoup de questions et apprend vite. Il a une forte volonté, est déterminé et provoque ses parents. Il n'aime pas qu'on lui dicte ce qu'il doit faire et préfère donner des ordres. Il est souvent plus adulte que les adultes, désire être entendu et respecté. Il est frustré lorsque les choses ne se passent pas comme il le voudrait, peut le crier haut et fort et se comporter en trouble-fête. Il a besoin de soutien dans le développement et la réalisation de projets. Il a de bonnes notes à l'école.

• ***La personnalité « bleue »***

Elle est aimante, prend soin des autres et les soutient. Son cœur et les émotions régissent sa vie. Elle a une énergie maternelle, s'occupe des autres, leur offre ses conseils et son épaule. C'est une enseignante ou infirmière née. Elle ferait tout pour ses amis, mais a tendance à trop s'inquiéter, au point de tomber malade elle-même. Elle est sensible, prévoyante et adore recevoir les gens chez elle. Elle est émotive, pleure facilement, son amour est inconditionnel et son intuition très développée. Elle accepte et pardonne, et voit le bon chez les gens. On lui colle souvent l'étiquette « bonne poire » et elle doit apprendre à dire non. Elle s'adapte aux gens et aux situations, sait intérieurement ce qui se passe, et possède une grande élévation spirituelle. Elle suit ce en quoi elle croit et sait convaincre. Elle désire être aimée mais souffre d'un manque d'amour-propre, de sentiments de culpabilité, elle s'apitoie sur son sort, se place comme victime et martyre. Elle peut devenir dépressive et doit par conséquent apprendre à s'aimer. Elle est romantique en amour.

Comme enfant :

L'enfant « bleu » est aimant et émotif, cherche à plaire à ses parents afin d'être aimé. Il voudrait aider, ne décevoir ni ne blesser personne. Il est bien élevé, calme, il s'amuse tout seul, prend soin de tous ceux qui se sentent mal ou seuls. Il s'intéresse à l'amour et rêve très jeune d'un couple heureux avec beaucoup d'enfants. Il a des problèmes d'estime personnelle et fait beaucoup d'expériences traumatisantes lorsque son amour n'est pas partagé. Il est très apprécié des autres enfants et possède des idéaux élevés.

- ***La personnalité « indigo »***

Personnalité très spirituelle avec un ressenti intérieur du sens et de la vérité de la vie. Elle connaît les enseignements mystiques anciens, est très sensible et sait que nous sommes tous avant tout des âmes. La réalité objective et la matière sont pour elle des illusions, la vie est énergie divine, tout n'est que conscience et énergie. Elle est consciente, claire, créative et indépendante. Elle vit selon des principes élevés. Elle a soif de savoir et d'apprendre, recherche la connaissance pour tester sa sagesse intérieure. Elle fait ce qu'elle considère comme juste. La pression sociale et la répression n'ont pas de prise sur elle. Elle ne connaît pas les concepts de culpabilité et de punition, est entière et franche, dit ce qu'elle pense et ne se laisse pas mettre dans un moule. Elle est dure à manipuler, passionnée et ouverte, a une grande compassion pour l'humanité. Elle parle peu, se met volontiers en retrait, voit la vie comme une grande expérience. Elle peut être anxieuse, désorientée, se sentir perdue et s'isoler. Elle se sent parfois étrangère à ce monde, est souvent déconcertée par les choses terrestres et elle est difficile à comprendre. Elle doit faire confiance à sa voix intérieure et la suivre.

Comme enfant :

L'enfant « indigo » est très conscient, ouvert et sensible, donc facile à déstabiliser, ce qui le rend anxieux et provoque chez lui un sentiment de défaite. Il a besoin de très peu de sommeil, apprécie la solitude et ne laisse personne le forcer à quoi que ce soit. Lorsqu'il croit à quelque chose, ni les punitions, ni la supplication, ni l'argumentation ne le font changer d'avis. Si on le force malgré tout, il devient anxieux et s'isole, ou bien se rebelle complètement. Il a l'esprit curieux mais il attend de « vraies » réponses et repère aussitôt le mensonge. Il ne voit pas de lien entre ce qu'on lui enseigne à l'école et la spiritualité.

• ***La personnalité « violette »***

L'individu « violet » est dynamique et charismatique, il est venu guider la Terre pour la sauver. Il doit dès maintenant activer et vivre les missions de sa vie. Il est d'une grande profondeur émotionnelle et plein de compassion pour le monde entier. Il aime la musique et se soigne avec. C'est un visionnaire. Il adore voyager, découvrir d'autres cultures et a un immense besoin de liberté. Il « voit » l'avenir (par exemple, sous forme d'images prémonitoires qui lui viennent), est convaincu que la Terre ne fait que survivre et a un message à délivrer à l'humanité. Il a des visions élevées mais fait souvent figure de rêveur idéaliste. Il aime être au centre et peut aussi se montrer narcissique, arrogant et pompeux. Il a des tendances de dictateur et doit apprendre que nous faisons tous partie du même Tout. Il est capable de mener de front plusieurs choses à la fois ou bien d'être comme paralysé psychologiquement ; il a besoin de la méditation pour compenser. Il croit que tout doit se passer facilement et compte sur une aide universelle.

Comme enfant :

C'est un leader né, les autres enfants le suivent. Dans sa force, il témoigne de la compassion, n'abuse pas de son pouvoir. Très tôt attiré par la sexualité, il l'expérimente avec son corps. Les parents doivent aborder ce sujet avec précaution afin de ne pas troubler le caractère naturel de son expression corporelle. Il aime l'art, la lecture et invente ses propres histoires. Il possède un don de perception visuelle unique. Les « violets » sont les premiers à pouvoir voir les auras, les anges, les autres dimensions ou ondes énergétiques. Il faut que les parents croient aux perceptions de leur enfant afin que les dons uniques de ce dernier puissent se renforcer.

Chapitre 2 :

La personnalité indigo

2.1 À quoi reconnaît-on un enfant indigo ?

Les particularités et les traits de caractère répertoriés au chapitre précédent permettent aux parents et à tous ceux qui s'occupent d'enfants au quotidien, de repérer facilement les enfants indigo. Physiquement, ils ne présentent a priori aucune particularité notable. Les différences sont décidément subtiles et ne se distinguent que par un examen approfondi. Les caractéristiques suivantes sont néanmoins très marquées chez les enfants indigo et, par conséquent, plus faciles à repérer :

1. Champ énergétique* plus élevé.
2. Comportement différent.
3. Faible émotivité.

Voici quelques éléments permettant de repérer un enfant indigo au sein d'un groupe :

1. *Ils s'accordent avec l'énergie du groupe.* Les enfants indigo ont une vibration élevée avec une énergie puissante et claire. Leur fréquence énergétique est supérieure à celle des autres enfants et ils sont parfois un peu malhabiles avec les choses terrestres. Ils réagissent toujours à une énergie élevée, harmonieuse et aimante, parce que celle-ci leur est familière.

2. *Ils observent le comportement des autres enfants.* Les enfants indigo sont décidément différents ! Ils transmettent souvent des messages qui leur viennent d'ailleurs et l'on se demande d'où ils peuvent bien tenir cette connaissance. La plupart des enfants indigo savent exactement ce qu'ils sont venus faire sur Terre. Ils parlent souvent des anges, et autres êtres, et s'amusent souvent avec eux pendant des heures, avec joie et sans aucune crainte. Vous êtes inquiet parce que l'enfant indigo préfère jouer seul ? Demandez-lui pourquoi il joue tout seul et il vous répondra sûrement quelque chose comme : « Je joue avec…, ne vois-tu pas ? » D'autre part, les objets et les jouets ne les amusent pas bien longtemps et ils ont perpétuellement besoin de changement.
3. *Les enfants indigo recherchent souvent la compagnie des adultes.* Ils veulent interagir avec le monde adulte. Ils sont spontanés, ouverts et ils adorent réveiller l'enfant intérieur chez les adultes. Avec les camarades de leur âge, ils ont davantage de difficultés, ne se sentent pas toujours compris et se tiennent souvent à l'écart du groupe. Vous pourrez observer que les enfants indigo savent exactement ce qu'ils veulent et découvrent vite le truc pour imposer leur volonté une fois pour toutes. Rien ne sert de se battre avec eux, il faut leur présenter des arguments valables pour les convaincre.
4. *Chez les bébés : regardez l'enfant droit dans les yeux.* Les yeux sont le miroir de l'âme. Souriez-lui et souhaitez la bienvenue à son âme. Il est vraiment amusant de voir leur réaction. Tout jeunes, ils réagissent aussitôt avec vivacité, aiment et comprennent la situation ! Combien

de fois j'ai pu observer de tout jeunes bébés se pencher à l'extérieur de leur poussette, le plus loin et le plus longtemps possible, afin de ne pas me perdre du regard, si bien que la mère prenait peur que l'enfant ne tombe.

Ce n'est qu'en passant plus de temps avec l'enfant indigo que vous remarquerez qu'il ne se laisse pas si vite impliquer émotionnellement dans une situation. C'est une des différences les plus frappantes avec les autres enfants. L'enfant indigo n'est pas très émotif. Il semble comprendre pourquoi il y a tant de conflits et essaie de comprendre les gens. Les thérapeutes n'ont de cesse de répéter que par le passé, lorsque les parents se disputaient, cela donnait matière à des années de thérapie pour l'enfant. Lors d'une dispute, les enfants se mettaient en retrait, voyant la famille menacée.

L'enfant indigo ressent les choses différemment et fait exactement le contraire. Il se met entre les deux en disant : « Et maintenant, comment pouvez-vous résoudre cela ? » Ou bien, il s'accroche à la jambe de son père ou de sa mère et dit : « Non, je ne vais pas dans ma chambre, je reste ici ! » Ou encore, il prend la main de son père et la met dans celle de sa mère, voulant ainsi dire : « Bon, maintenant, solutionnez s'il vous plaît vos problèmes. » Ou la mère gronde violemment son enfant, devient furieuse et de mauvaise humeur, mais l'enfant reste de marbre, il n'entre pas en résonance avec la vibration de sa mère. J'ai vu comment de jeunes enfants, entre 1 et 3 ans seulement, continuaient simplement à jouer ou s'éloignaient doucement de leur mère pour poursuivre calmement ce qu'ils étaient en train de faire un peu plus loin, ou, lorsqu'ils étaient un peu plus âgés, comment ils s'approchaient de leur mère pour lui dire : « Maman, je t'aime fort ! » Un enfant de 7 ans a dit un jour à ses parents, en s'interposant entre eux alors que ces derniers se disputaient : « Ignorez-vous donc que je suis venu pour vous apporter la paix ? » Une chose est certaine : ces enfants se préoccupent de faire prendre conscience aux autres de leurs blocages émotionnels.

Vous observerez une autre différence très importante chez les enfants indigo, notamment dans des situations difficiles où ils poussent l'adulte à bout. Imaginez une telle situation avec deux enfants, un enfant « normal et un enfant indigo ». On pourrait qualifier le premier de chenapan et l'autre, l'enfant indigo, de « perturbateur de système ». Leurs buts et leurs comportements sont complètement différents. Le chenapan titillera vos nerfs jusqu'à ce que vous atteigniez vos limites et lui montriez les siennes. C'est un comportement humain type : le chenapan veut voir jusqu'où il peut aller pour obtenir ce qu'il veut. En revanche, le « perturbateur de système » ne connaît pas cette programmation. Il réagit intuitivement aux situations dans la famille, car il souhaite faire partie de cette famille, même lorsqu'il n'a que 4 ou 5 ans. Il veut occuper une place à part entière dans la famille. « Fais-je partie de la famille, oui ou non ? » Il ne se considère pas comme un petit enfant, il se sent « grand » et de même valeur, et veut être traité comme tel. Si vous traitez l'enfant avec respect et vous mettez à son niveau, vous verrez son comportement changer. La situation s'éclaircira et, au lieu d'un fauteur de troubles, vous aurez un ami à la maison.

À l'avenir les enfants indigo communiqueront à l'humanité des informations claires et précises sur leurs particularités, leurs dons et leurs missions. Nous sommes nombreux à attendre impatiemment ces informations, et au cours des prochaines années on écrira davantage sur eux. Mon livre et l'ouvrage américain que Lee Carroll et Jan Tober ont écrit ensemble, ne sont qu'un début. Voici ce que j'aimerais dire à tous les thérapeutes, quel que soit leur domaine : « Un devoir important vous attend ici ! »

2.2 Particularités des enfants indigo

Chaque enfant vient au monde avec des caractéristiques uniques. Il n'est pas rare que la personnalité d'un enfant diffère complètement de celle de ses frères et sœurs ou parents. Tous ceux qui sont nés dans une famille nombreuse le constateront s'ils observent leurs frères et sœurs. Il n'y a pas deux empreintes digitales identiques dans ce monde. Aussi sommes-nous forcés d'admettre que les personnalités sont également uniques et propres à chaque individu. Nous devons donc également en déduire qu'il n'y a pas deux enfants indigo pareils !

Certains courants de la psychologie affirment que la personnalité de l'enfant est entièrement formée dès l'âge de six ans, d'autres prétendent que la personnalité ne cesse de se développer et de s'épanouir tout au long de la vie dans un lent processus de maturation. D'autres encore disent que la personnalité de l'enfant est déjà présente à la naissance et qu'il s'agit de veiller à ce qu'au cours de sa vie, l'enfant développe les aspects positifs de sa personnalité plutôt que les négatifs.

Chaque être doit, au cours de son existence, exploiter ses points forts existants et orienter sa vie de sorte que ses points forts interviennent mieux et plus souvent que ses points faibles. En tant qu'êtres universels, nous portons les deux en nous. Comprendre sa propre personnalité, le Soi, permettre l'épanouissement de ses dispositions positives, prendre conscience des points forts de sa personnalité sont le seul moyen de devenir un adulte sain et équilibré et de contrôler sa vie. Chaque enfant, l'enfant indigo y compris, est une combinaison unique de points forts et de points faibles. Et il s'agit d'apprendre à transformer les faiblesses de la personnalité en forces. Si l'enfant indigo apprend, avec son entourage, à se connaître, il pourra, avec un peu d'entraînement, obtenir des résultats stupéfiants, et réorienter et contrôler ses faiblesses.

Les points faibles de la personnalité indigo

Enfant…

… elle est hypersensible et trop perméable aux influences extérieures ;

… elle est souvent solitaire ;

… elle se laisse difficilement diriger et éduquer ;

… elle se sent la plupart du temps incomprise et non reconnue ;

… elle est hyperactive et souvent peu concentrée ;

… elle a tendance à idéaliser les gens ou les situations ;
… elle est rêveuse et se réfugie dans son propre monde.

Adulte…
… elle est intransigeante et impatiente ;
… elle a de gros problèmes d'autorité ;
… elle désire être reconnue et estimée de tous ;
… elle a souvent du mal à s'exprimer par les mots ;
… elle peut se montrer orgueilleuse.

En matière de communication…
… elle s'isole lorsqu'elle se sent incomprise ;
… elle perd facilement le contact avec son être intérieur et est vite décentrée ;
… elle se sent souvent limitée par le langage ;
… elle ne supporte pas la fausseté et l'hypocrisie.

Ses faiblesses les plus marquées
… elle est souvent trop exigeante envers elle-même et les autres, est trop perfectionniste ;
… elle réagit avec impatience lorsqu'on ne va pas droit au but, lorsqu'on lui fait des suggestions et propositions peu claires ;
… elle laisse aux autres le soin de diriger et refuse toute responsabilité.

En amitié
… elle a énormément besoin d'être comprise par ses amis ;
… elle joue la plupart du temps avec un(e) seul(e) ami(e) ;
… elle vit souvent dans son monde imaginaire ;

… elle est facilement blessée, et ce profondément[1] ;
… elle aime jouer seule ou à l'ordinateur.

Les points forts de la personnalité indigo

Enfant…
… elle voudrait être un membre à part entière de la famille ;
… elle adore la nature ;
… elle s'occupe de tous dans la famille ;
… elle est loyale envers la famille ;
… elle a soif d'apprendre, de connaissance ;
… elle a le don d'apaiser, de soulager les autres ;
… elle est également très ouverte et pleine de confiance envers les gens extérieurs à la famille si elle se sent comprise.

Adulte…
… elle est sûre et fiable ;
… elle est franche et sincère ;
… elle considère la vie comme une affaire sérieuse ;
… elle a un grand courage ;
… elle possède des dons de médium ;
… elle se donne à fond dans ce qu'elle fait et vit tout intensément ;

1. Non pas au niveau émotionnel mais au niveau des sentiments profonds : les enfants indigo ont le cœur ouvert, ils sont intègres, sincères et pleins d'amour inconditionnel. Ils attendent la même chose des autres, et lorsqu'on les déçoit, cela les blesse au plus profond.

… elle connaît son Soi profond et la nature de sa relation avec l'univers.

En matière de communication
… elle aime les conversations intenses, captivantes spirituellement et dynamiques ;
… elle s'engage à fond dans les conversations ;
… elle est capable d'une grande compassion pour tous et pour tout ;
… elle se sent le mieux avec un seul interlocuteur ou dans un très petit groupe ;
… pour elle, communiquer, c'est sentir, échanger des idées et guérir.

Ses qualités les plus marquées
… elle a soif de connaissances ;
… elle maîtrise la discipline intérieure ;
… elle est claire et va droit au but ;
… elle est ouverte aux propositions intègres et suggestions sincères.

En amitié
… elle est très fidèle ;
… elle se préoccupe sincèrement du bien-être de l'autre ;
… elle préfère avoir moins d'amis, mais des amis proches ;
… elle investit volontiers du temps dans une relation ;
… elle fait preuve de force dans les situations difficiles et sait donner du courage aux plus faibles ;
… elle témoigne un intérêt sincère ;
… elle souffre de la superficialité dans les contacts.

2.3 *Les différents types d'enfants indigo*

Depuis quelques années, les États-Unis utilisent le système de répartition des enfants indigo établi par Nancy Ann Tappe. Ce système de répartition en quatre principaux types, extrêmement clair et précis, a été repris par de nombreux thérapeutes et psychologues réputés[1]. Nancy Ann Tappe définit de façon brève et pertinente les quatre types comme suit :

1. L'humaniste :
Il est destiné à travailler avec les foules, à les servir, ce en tant que médecin, avocat, professeur, homme d'affaires et politicien de demain. Il est souvent hyperactif, extrêmement sociable, parle à tout le monde, en tout lieu et à tout moment, il est bienveillant avec les foules. Il a une opinion bien arrêtée, est vite distrait et fait volontiers mille choses à la fois. C'est également un rat de bibliothèque et il n'est pas bien ancré dans son corps physique.

2. Le concepteur :
Il est plus intéressé par les projets que par les hommes. Il travaillera comme architecte, designer, astronaute ou pilote de demain. Il est souvent très athlétique et porte en lui un modèle de contrôle qu'il tient de sa mère ou de son père, ce

1. En réalité, je suis contre le fait de mettre les enfants indigo dans des cases, car cela relève des vieux schémas de pensée. Dans un premier temps toutefois, la classification ci-dessous peut être utile pour apprendre à les connaître. Aussi est-ce sciemment que j'ai décidé de l'adopter ici.

qui peut entraîner de gros problèmes. Il a une tendance à la toxicomanie (drogue à l'adolescence).

3. L'artiste :
Il est sensible et souvent de petite taille. C'est le professeur ou l'artiste de demain. Tout ce qu'il fait relève de la création. Entre 4 et 10 ans, il essaie tous les instruments de musique possibles, se montre créatif à tous les niveaux, cependant pas plus de 5 à 10 minutes d'affilée. Ce n'est qu'à l'adolescence qu'il choisit une orientation précise et qu'il peut alors se concentrer plus longtemps.

4. L'interdimensionnel :
Il est plus grand que les autres enfants, souvent très grand. À l'âge de 2 ans, vous pouvez lui expliquer n'importe quoi, il vous dira : « Je sais, je sais faire, laisse-moi tranquille ! » Il apporte de nouvelles philosophies, idées et religions sur la Terre. Il a du mal à vivre en société, il s'intègre encore plus difficilement dans notre société que les trois autres types.

Si l'on observe la classification ci-dessus, on remarque que deux groupes se dégagent, chacun comprenant deux types aux personnalités similaires. À mon avis, il est possible de les affecter à deux types d'âme et à deux courants cosmiques distincts : le rayonnement bleu indigo et le rayonnement bleu nuit ou bleu profond (théorie du rayonnement*). Dans l'un, nous trouvons l'humaniste et l'artiste, dans l'autre le concepteur et l'interdimensionnel.

L'humaniste

L'humaniste est extrêmement proche des hommes, des animaux, des plantes, de la Terre, des étoiles, bref de tout ce qui vit. Il s'inquiète toujours de savoir si tout le monde va bien. Il aime tout et tout le temps. Cela lui fend le cœur lorsque du mal ou une injustice est commise envers quelqu'un ou quelque chose (un arbre, par exemple). Il prend la défense de la victime et finit par recevoir des coups lui aussi. Les autres enfants le considèrent souvent comme une « mauviette ».

L'humaniste est extrêmement sociable, s'arrête sans cesse en route pour communiquer avec les gens, les animaux ou la Terre. On se demande parfois comment il fait pour retrouver le chemin de sa maison. Une chose est sûre, il met plus de temps que les autres. C'est un rêveur, il vit dans son imaginaire et semble souvent ne pas entendre lorsqu'on lui parle. Il se réfugie dans son monde lorsque c'est trop pour lui. Il arrive que, tout jeune, il vous décrive précisément à quoi ressemble ce « monde » d'où il vient, de quelle couleur il est, quels êtres y vivent, etc. Le mieux, dans ce cas, c'est de le croire et d'accueillir tout simplement ses histoires, sans les juger ni les contester.

Particularités de l'humaniste :

- il est extrêmement sociable, il adore les gens, mais n'a besoin que de quelques amis intimes avec lesquels il peut entrer dans une relation spirituelle ;
- il discute volontiers avec tout le monde, tout le temps, il perd alors la notion du temps et oublie ses obligations ;
- il est souvent hyperactif ou hypoactif ;

- il est vite distrait, oublie facilement ce qu'il voulait faire ;
- il n'est pas bien ancré dans son corps et sur la Terre, et a besoin de calme pour se recentrer ;
- c'est un rat de bibliothèque, il aime jouer seul, à l'ordinateur de préférence ;
- il est tantôt transporté d'allégresse, tantôt affligé à l'extrême ;
- il se préoccupe énormément du bien-être des autres, des animaux, des arbres, etc. Il aimerait voir les hommes vivre en harmonie avec leur environnement ;
- il est très sensible et, par conséquent, facilement surexcité ou surmené ;
- il se fait du souci pour tout et longtemps, et a tendance à souffrir de maux de tête ;
- il rêvasse souvent, perd tout, accorde peu de valeur aux choses matérielles ;
- il se sent souvent incompris et non reconnu ;
- il aime que l'on tienne sa parole. Cela lui procure un sentiment de sécurité ;
- il a une opinion bien marquée ;
- il est souvent conscient de sa situation et peut s'infliger lui-même sa punition ;
- tout lui va, pourvu que ses parents soient de bonne foi ;
- lorsqu'il est dans son élément, tout va pour le mieux dans le meilleur des mondes ;
- il ne prend pas position.[1]

---

1. Même s'il a son opinion, qu'il n'exprime souvent que dans les cas extrêmes (lorsque quelqu'un est menacé ou qu'une injustice est commise), car la plupart des polémiques ne l'intéressent tout simplement pas.

Histoires d'enfants :

- Une mère raconte : « *Mon fils Merlin a dix ans et depuis toujours il s'intéresse vivement à tout ce qui vit (depuis quelques années, il s'intéresse à Greenpeace et à la protection des animaux et a hâte de grandir pour soutenir ces causes qu'il considère comme importantes). À l'âge de 5 ans, il m'a dit qu'il parlait avec les plantes de la maison, m'a expliqué de quel engrais elles avaient besoin, et quand il fallait les arroser. Régulièrement, Merlin rentre de l'école avec des vêtements déchirés parce qu'il a voulu empêcher ses camarades d'abîmer l'écorce ou d'arracher les branches de ses amis les arbres. Il tente inlassablement d'expliquer à ses camarades qu'il est possible de parler avec les plantes et les pierres. Il suffit d'écouter, explique-t-il. Ses efforts portent rarement leurs fruits. Ses amis proches, en revanche, commencent progressivement à comprendre ses idées et ses idéaux, ce qui le rend particulièrement fier et heureux. Malgré son engagement verbal pour la nature, Merlin n'en vient jamais aux mains. Il déteste la violence, ce qui lui vaut d'être apprécié des petites filles et considéré comme bizarre par les garçons. Un jour il m'a expliqué : « Pourquoi je devrais me défendre ou frapper les autres, alors que je n'aimerais pas qu'on me le fasse ». Une attitude bien louable, me dis-je tout bas, tandis que je panse une fois de plus les plaies de mon fils et raccommode ses habits.* »

- Des parents témoignent : « *Notre enfant est très ouvert et amical de nature. Avant, lorsqu'on le promenait et qu'il trônait dans sa poussette tel un membre de la famille royale, il tenait à saluer tout le monde comme si tous faisaient partie de sa famille. Il criait bien fort pour qu'on entende ses saluts jusque sur le trottoir d'en face et exprimait parfois une immense joie, comme s'il connaissait les gens depuis une éternité. Lorsque notre fils aime quelqu'un, il l'aime inconditionnellement. Ça n'est pas aussi facile pour les autres enfants car ils ne comprennent pas cela. Ils n'apprécient pas toujours lorsque c'est trop intense, sans retenue et que ça porte atteinte à leur intimité. Nous constatons que ça n'est pas facile du tout sur cette Terre pour un « enfant humaniste » comme lui, avec ses idéaux et ses idées de paix et d'amour pour le monde entier. Il est souvent fatigué, indolent et n'en peut plus. Il a maintenant 9 ans et a hâte d'être adulte pour construire son monde d'intégrité à lui »*.

– Un père explique : « *Je crois que mon fils est tout le contraire d'hyperactif. Il est constamment fatigué, a du mal à garder les yeux ouverts et n'est vraiment réveillé que lorsqu'il joue à ses jeux vidéo. Il reconnaît lui-même se sentir ainsi. Et d'une manière générale : peindre et sculpter des personnages sont ses passe-temps favoris. À l'école il a des difficultés à cause de son attitude rêveuse. Les autres enfants l'aiment beaucoup car il est si différent, calme et réfléchi, il ne se chamaille jamais et joue plutôt le rôle d'arbitre. Il a besoin d'être soutenu et que quelqu'un soit constamment derrière lui pour pouvoir exécuter ses obligations journalières* ».

Le concepteur

Le concepteur préfère s'occuper de projets plutôt que des autres enfants. Il adore développer des idées et des concepts et aime les étudier en profondeur et les réaliser à son propre rythme. Il n'accepte pas d'être bousculé. Par nature, l'enfant concepteur n'est pas intéressé par la réussite. Notre société basée sur la performance le dérange. Il pourrait avec ses parents, à condition que ceux-ci le comprennent, concevoir de nouvelles méthodes d'apprentissage fantastiques, ou encore trouver des conseils pratiques pour la maison.

Particularités du concepteur :

- il aime les idées et les concepts, mais doit apprendre à se soucier aussi des détails ;
- il veut tout comprendre. Il démonte notamment les appareils pour comprendre leur mécanisme ;
- enfant, il est souvent sportif et adroit ;
- il a tendance à faire des cachotteries, dissimule des choses ;
- il aime contrôler ses parents ;
- il adore les objets technologiques, l'ordinateur en particulier ;
- il est capable d'imaginer très vite d'excellentes solutions aux problèmes qui se posent à lui et de les mettre en œuvre ;
- il pourrait très bien apprendre via Internet ou tout autre moyen innovant ;
- il n'est pas très émotif ;

– il apprécie et a besoin de règles clairement définies, d'une discipline claire, d'instructions claires et de sentiments clairs.

Histoires d'enfants :

– Une mère raconte : « *Mon fils a de gros problèmes à l'école. Plus le temps passe, plus il est solitaire. Dès qu'il y a un problème, vous pouvez être sûr qu'il est complice. Il est souvent mis à l'écart par ses camarades de classe, ce qui nous cause bien sûr du souci. Ses activités préférées sont l'informatique et la technologie : démonter des appareils, les remonter. Il refuse souvent de faire ses devoirs, l'école est pour lui une contrainte, et il veut en faire le moins possible. Je suis souvent à bout, nous nous disputons tout le temps ; nous nous ressemblons. Avec son père l'entente est meilleure, mais il essaie de dicter sa loi avec lui aussi.* »

– Une mère témoigne : « *Mon fils est maintenant adolescent. Malheureusement, je sais depuis un an seulement qu'il s'agit d'un enfant indigo. Il m'a toujours posé des difficultés et j'avais souvent le sentiment d'être injuste envers lui. Peut-être les choses auraient-elles été différentes si je l'avais su plus tôt ! Tout petit, il était déjà très indépendant et n'acceptait rien de ce qui venait de moi. Il savait toujours tout mieux que moi et voulait avoir le dernier mot dans toutes les situations. C'était fatigant. L'école était trop ennuyeuse pour lui, aussi dérangeait-il la classe et le cours. Il ne voulait pas respecter les règles. Cela a posé des années de problèmes à de nombreux niveaux. J'ai été invitée à soumettre mon fils au test du QI et son QI s'est avéré supérieur à 130. Malheureusement, cela ne lui a pas beaucoup servi à l'école ! À cause de sa différence, il s'est senti incompris de tous, des enseignants, de nous, ses parents, ainsi que de ses camarades. Ses idées et sa façon de voir les choses étaient tout simplement différentes des autres. Maintenant que je comprends sa situation, mon sentiment de culpabilité s'est atténué, je suis plus détendue et je peux lui offrir davantage d'espace ».*

L'artiste

L'enfant indigo est souvent petit. De constitution physique frêle, il est fort et tenace intérieurement.

L'enfant artiste est très sensible et a de nombreux souvenirs de ses vies antérieures. Il a une volonté de fer et peut l'orienter dans un but précis. Il sait également ce qu'il veut et l'obtient la plupart du temps. C'est par ses propres canaux créatifs que l'enfant artiste apprend le mieux. Logique rigide et contrainte sont pour lui difficiles à comprendre, particulièrement dans son jeune âge. Il évolue dans la vie avec aisance et flexibilité, se ressource et se détend partout, évalue rapidement les situations et sait exactement quand il aime ou n'aime pas quelque chose. Il est très conséquent dans son comportement et ne se laisse pas « acheter ». L'artiste peut se donner à fond dans une chose. Il aime la compagnie de ses parents, leur présence ne gêne pas sa concentration lorsqu'il joue. Seulement, il ne laisse rien ni personne le déranger. Dès 2 ou 3 ans, il est capable de faire beaucoup de choses par lui-même.

Il communique au niveau énergique avec les autres enfants et paraît très mûr pour son âge. Lorsque à 6 ans, il entre ensuite en contact avec le monde des grands, son comportement change sous la pression de l'extérieur.

Particularités de l'artiste :

- il est capable de peindre ou de dessiner pendant des heures et adore que les autres peignent pour lui ;
- il est très dévoué, et dégage tendresse et douceur. Cependant, il a parallèlement une forte volonté qu'il sait imposer ;
- il est fort et montre, dans sa force, de la compassion ;
- il perçoit beaucoup de choses et aimerait qu'on le croie lorsqu'il en parle ;
- il peut se montrer arrogant, narcissique et obstiné ;
- derrière l'agneau peut se dissimuler un vrai petit dictateur ;
- il a souvent besoin de peu de sommeil car il peut se reposer et se ressourcer partout ;
- dans la vie, c'est par la créativité qu'il s'exprime le mieux. Il adore le chant, la danse, le ballet, le théâtre, le cirque, la peinture, le dessin, la composition musicale, etc. ;
- il aime être informé des choses, être intégré ;
- c'est un guérisseur-né (il soigne souvent par la musique, l'art ou la danse) et il sait que cela fait partie de sa mission sur la Terre* ;
- il évalue vite la situation et agit après. Il joue avec les situations pour le plaisir de faire des expériences ;

- il exige des réponses claires, et s'il ne les obtient pas, il part lui-même à leur recherche ;
- il n'accepte pas son propre schéma émotionnel.

Histoires d'enfants :

- Une mère qui connaît les enfants indigo relate : « *Ma fille, Leah, a maintenant 5 ans, une petite fille indigo type. Avant de commencer à parler, elle chantait des heures durant. Son langage, sa grammaire et son vocabulaire se sont développés à une vitesse extraordinaire. Malgré cela, pour conter des histoires, elle optait toujours pour le chant. Les choses n'ont pas changé depuis. Les histoires qu'elle raconte sont étonnantes de justesse et de précision pour son âge, même chantées ! À 4 ans, Leah a décidé de faire du ballet de son propre chef. Sa prof de danse était tout d'abord sceptique à cause de sa petite taille, de son allure frêle et de son jeune âge. Malgré tout, Leah a su s'imposer en l'espace de deux heures. Ceci est, à mon avis, une autre particularité de l'artiste indigo : opiniâtreté et ambition dans la poursuite des buts qu'ils se sont eux-mêmes fixés. Cela m'amène à évoquer un autre point. Il est extrêmement difficile de soumettre à mon petit ange une idée qui est en contradiction avec son système. Parfois, nous avons vraiment l'impression que l'enfer s'abat sur notre famille. Elle nous domine constamment, c'est le chef. Même sa colère, elle sait la mettre en scène avec une telle créativité qu'il est alors impossible de lui en vouloir. Un jour, elle m'a expliqué après un violent accès de colère : tu sais maman, j'avais simplement besoin d'évacuer ma colère, sinon je serais tombée malade. Elle ne s'ennuie jamais, sait s'occuper toute seule, mais uniquement si nous ne sommes pas trop loin d'elle, et pas si elle est seule dans sa chambre.* »

– J'ai entendu de nombreuses fillettes artistes dire d'elles-mêmes qu'elles étaient des princesses et aimeraient être traitées comme telles. Ainsi une fillette de 3 ans s'est exclamée un jour, profondément vexée, alors que sa mère l'appelait princesse : « *Je suis une enfant-reine !* » Et une autre, à peine plus âgée, a rétorqué un jour : « *Je suis une Majesté !* », comme si cela tombait sous le sens !

L'interdimensionnel

La plupart des enfants interdimensionnels sont franchement grands. Dès 5 ans, ils font souvent plus que leur âge, ce qui est difficile pour l'enfant comme pour les parents, car l'entourage exige alors souvent trop de l'enfant. À la maison, les parents ont parfois affaire à un enfant récalcitrant « de 8 ans » et, la minute qui suit, à un bambin de maternelle qui aimerait qu'on le prenne sur ses genoux. À cela s'ajoute que l'enfant sait toujours tout. Il sait tout mieux que ses parents et ne les laisse pas ouvrir la bouche. Accompagner un tel enfant avec amour n'est pas simple. De la part des parents, cela exige une grande souplesse d'esprit, ainsi qu'un renoncement total aux buts qu'ils s'étaient fixés et à leurs propres attentes. L'enfant a besoin de limites et d'une discipline claires. Les parents doivent alors se demander ce que sont réellement des limites claires. S'ils n'en fixent pas, l'enfant les poussera à bout. Il leur faut découvrir où se situent leurs propres limites et celles de l'enfant, et comment ils peuvent les gérer de façon harmonieuse. L'enfant interdimensionnel est un enfant indigo pur et dur, qui abat les murs, démonte les idées reçues, trouve les vieux principes rigides inintéressants : il aimerait décider lui-même des règles. Il est allergique à l'autorité antidémocratique et n'accepte aucun ordre.

Particularités de l'interdimensionnel :

- il déborde d'idées nouvelles, de philosophies et de conceptions qui scandalisent souvent ;
- c'est un leader-né qui désire emprunter des chemins inexplorés ;
- il refuse de se laisser limiter par les idéaux et les exigences dépassées de la société ;
- il lui arrive de se comporter en dictateur, dominateur ;
- il tient à être lui-même, authentique ;
- il voit plus loin que ce que nos yeux sont capables de voir ;
- il aime le théâtre et la comédie ;
- il impose son « truc », peu lui importe que cela lui attire des amis ou des ennemis ;
- il ne supporte pas l'autorité et les ordres ;
- dès son plus jeune âge, il a conscience des missions qu'il est venu accomplir sur Terre et est impatient de grandir pour le faire ;
- il possède une grande force intérieure ;

- il veut qu'on lui accorde une attention totale lorsqu'il est en société ;
- il a besoin d'une discipline claire pour pouvoir s'épanouir librement et avec créativité ;
- il démasque les gens.

Histoires d'enfants :

- Une mère raconte, après avoir pris connaissance de la typologie des enfants indigo : « *Je pense que mon fils appartient à ce groupe. Il est grand, il a 12 ans et veut toujours faire les choses de la manière qu'il considère comme juste. Impossible de m'opposer, sinon la vie à la maison serait impossible. Depuis qu'il est petit, j'essaie de lui définir un cadre clair et de comprendre sa position. Comme il est très rationnel, nous pouvons bien discuter, ce que j'ai personnellement dû apprendre à faire avec lui. Tant que je l'abordais avec des reproches, nous n'avions que des disputes. J'ai dû beaucoup apprendre pour parvenir à me comporter de façon conséquente. Depuis, ça fonctionne bien. Je crois que le plus difficile est passé et qu'il s'apprête à devenir un adolescent équilibré, car nous avons éclairci les choses entre nous et savons que nous pouvons compter l'un sur l'autre quoi qu'il arrive. Mais je pense que les enfants comme mon fils peuvent se transformer en de véritables monstres à l'adolescence, si les parents ne clarifient pas la situation avec eux entre 4 et 12 ans et s'ils ne revoient pas leur propre attitude. Ces interdimensionnels sont très têtus et forts, ils ont opté pour le chemin le plus court et se soucient peu des autres, ce qui n'est pas facile pour nous autres parents.* »

– Une mère et thérapeute témoigne : « *Je voulais à tout prix avoir des enfants et j'ai tant désiré ma fille. Elle a maintenant 5 ans. Bien qu'elle soit en maternelle, tout le monde la croit déjà en primaire, car elle est beaucoup plus grande que les enfants de son âge. Elle est difficile avec moi, elle me donne sans cesse des ordres, me dit ce que je dois faire, me commande constamment. Depuis qu'elle est toute petite, nous avons d'effroyables disputes et je me suis souvent demandée comment j'avais bien pu faire pour avoir une enfant pareille. Qu'avais-je fait pour mériter ça ? Pour tenir le coup, je me répète constamment qu'elle est toute ma vie, mon enfant tant désiré. J'ai appris à tout redéfinir dans ma vie et à être plus claire. Après avoir redéfini mon rôle de mère et appris à le mettre en pratique, les choses ont été plus faciles pour nous deux. Ma rude tâche consiste à sans cesse ramener ma fille au niveau de son âge, elle qui sait toujours tout, veut toujours avoir le dernier mot et imposer sa volonté. Parfois, j'ai l'impression que c'est comme si elle devait apprendre à être enfant, avec tout ce que cela comporte, car* « *être adulte* » *c'est quelque chose qu'elle a su faire assez rapidement après sa naissance.* »

2.4 La nouvelle vague d'enfants des années 90.

La tâche spirituelle de la génération des ouvriers de lumière* n'était pas aisée et, dans les années 70 et 80, ces pionniers ont dû faire preuve de courage et de confiance pour venir à bout de nombreuses pierres d'achoppement. Du fait de l'opposition rencontrée, beaucoup d'êtres éveillés ont dû œuvrer dans l'ombre. Néanmoins, grâce à leur travail, au début des années 90 l'énergie planétaire s'était tellement élevée qu'un grand nombre d'enfants indigo ont pu venir s'incarner sur la Terre. L'heure était venue d'introduire un bouleversement sur la planète ! Beaucoup étaient désormais prêts à se battre pour la paix et l'amour, à ne plus se comporter comme des moutons, mais également à montrer ce qu'ils pouvaient changer à l'intérieur d'eux-mêmes.

Dans toutes les tranches d'âge de la société, on trouve des individus isolés avec une personnalité et des traits de caractère indigos. Ces derniers ont ouvert la voie à la nouvelle vague d'enfants. Ils sont sur Terre depuis plus de 50 ans… les précurseurs de cette nouvelle vague. À côté d'eux, nous trouvons également des personnes avec l'indigo comme couleur de vie principale, les fameux « indigos purs ». Ceux d'entre eux qui ont aujourd'hui plus de 40 ans, ont souvent eu des problèmes avec la société et leur famille lorsqu'ils étaient jeunes. Ils étaient internés ou placés dans des « institutions spécialisées ». On leur administrait des traitements dont on sait aujourd'hui qu'ils ne favorisent pas la guérison, et ils finissaient par devenir effectivement fous.

On leur faisait souvent croire qu'ils étaient mauvais, anormaux et dangereux. Ils étaient perçus comme une menace car ils incarnaient des énergies nouvelles qui déstabilisaient émotionnellement les gens « normaux ». Ceux qui ont « survécu » sont allés loin humainement. Ils travaillent souvent comme thérapeutes et, forts de leur expérience, ils sont véritablement en mesure d'aider les autres et de les guider. Ils sont simplement différents ! Parmi les personnes indigos plus âgées, beaucoup ont été très attirées par le mouvement New Age* et ont, grâce à lui, reconquis une part d'elles-mêmes.

Partout dans le monde, des hommes engagés depuis longtemps sur le chemin spirituel s'aperçoivent qu'ils présentent des caractéristiques indigo. S'ils lisent ce livre, ils pourront exactement sentir dans quelle catégorie ils entrent et si certaines caractéristiques indigo leur correspondent. Les gens de cette génération sont souvent solitaires, car ils se sont toujours heurtés à l'incompréhension des autres et ont dû suivre seuls leur chemin. Aujourd'hui la situation est différente. Désormais, les naissances d'enfants « nouveaux » sont plus nombreuses que celles d'enfants « normaux », si bien qu'à un moment ou un autre ces « nouveaux » finiront par devenir les « normaux », car ils seront supérieurs en nombre. Aux États-Unis, on estime qu'au cours des deux dernières années, dans certaines régions, jusqu'à 99 % des nouveau-nés étaient des enfants indigo. La densité des enfants indigo n'est pas la même partout, les naissances ne sont pas réparties de façon équilibrée à travers le monde. Les régions froides du monde, où l'on observe un grand éveil spirituel et où l'informatique est le plus développé, présentent plus d'enfants indigo que les régions chaudes.

Nous vivons à une époque extraordinaire où le chemin de la découverte de soi est facile à trouver pour celui qui souhaite le suivre. La vérité s'offre à tous ceux qui veulent voir.

Aujourd'hui, nous disposons de nombreux guides, livres et films, et nous assistons à un mouvement spirituel planétaire sans précédent. Bien que le contre-courant négatif augmente dans la même mesure et que les cultes sataniques fassent plonger les gens plus bas que jamais, parallèlement les chercheurs de vérité conduisent l'humanité vers des sommets encore jamais atteints. Il est surprenant de voir comment cette polarisation s'installe actuellement sur la planète et comment beaucoup aspirent malgré tout à l'unité.

Les ouvriers de lumière de la première vague avaient pour mission d'élever le niveau de l'énergie terrestre et de modifier les structures énergétiques de la Terre, en étant là où il faut au bon moment (à des points énergétiques importants pour la plupart). Cela a permis aux portes énergétiques* nécessaires de s'ouvrir. Une autre mission, certainement non moins ardue, attend la génération indigo. Ce sont les vrais artisans de la paix de demain. L'amour est leur message et leur mission. Il n'est pas facile pour eux de se consacrer consciemment et librement à leur mission. Leur structure biochimique nouvelle (leur ADN rallongé de quatre brins) les rend extrêmement sensibles aux énergies des autres. Ils ont du mal à surmonter et à traiter les vieilles vibrations qui sont toujours présentes sur la Terre. Lorsqu'ils n'ont pas conscience de ces énergies et qu'ils ne peuvent par conséquent pas se protéger contre elles, ils perdent facilement leur équilibre spirituel. Une fois déséquilibrés, ils quittent pour la plupart le circuit, s'effondrent cruellement et ont toutes les peines du monde à se recentrer.

Malheureusement, la plupart des enfants indigo sont élevés par des parents, éduqués par des professeurs et suivis par des médecins, qui ne comprennent pas leur structure inhabituelle. Ces derniers n'ont pas non plus les moyens de faciliter leur éducation et leur accompagnement. Ces enfants sont les pionniers d'un tout nouveau processus sur la planète, ce qui, pour nous tous, ne facilite pas les choses. Les enfants indigo doivent le plus souvent se débattre avec des familles, des cultures et des institutions qui continuent de s'attarder dans la vieille vibration énergétique. La question des enfants indigo se heurte toujours à un manque d'ouverture et d'intérêt de la part des pédagogues, psychologues et institutions. Ceux-ci ne se sentent tout simplement pas compétents pour les reconnaître comme des êtres nouveaux et leur réserver un traitement à la hauteur de leur élévation spirituelle. Un gouffre s'ouvre à nouveau ici entre la science et la spiritualité, comme voie pour maîtriser la situation.

Le phénomène est si nouveau, si incroyable et si irrésistible que l'heure est désormais venue d'être attentif et de prendre des mesures. Le nouveau millénaire est maintenant entamé et la vague des années 90 s'est stabilisée : un nombre croissant d'enfants indigo naissent sur la Terre, aussi ferions-nous mieux de nous préparer correctement à leur venue. Les parents, qui ont peut-être déjà une idée de l'enjeu que ces enfants représentent, sont malheureusement souvent confrontés à l'incompréhension, à la méfiance, au refus et à la résistance de leur entourage.

Ce qui peut nous aider maintenant, c'est une conscience de la réalité et une perception objective. Malheureusement, nous sommes tous largement plus éduqués dans le but de percevoir les différences extérieures et apparentes. Conscience et lucidité ne sont pas exigées. Nous apprenons à limiter notre réalité au monde extérieur et sommes occupés à cela jour après jour, heure après heure. Les enfants indigo sont extrêmement intuitifs et ouverts, ils ne se laissent pas facilement enfermer et limiter. Ils demandent que nous nous ouvrions également à eux. Ils nous forceront bientôt à abandonner notre perception subjective souvent héritée de nos parents.

Les années 90 auront annoncé de grands changements à bien des égards. Nous assistons à un effondrement des autorités en place, du pouvoir et des lois, qui n'a pas connu de tel précédent au cours des siècles derniers. Au fond du cœur de l'humanité se cache une aspiration à la paix, la liberté, l'amour et l'unité, que les enfants indigo et leur descendance nous aideront à transformer en réalité.

2.5 Les relations avec les personnalités indigos

Les parents éduquent souvent leurs enfants en fonction de leurs propres convictions et de leurs propres couleurs de vie. Ils courent ainsi le danger d'étouffer chez eux l'expression naturelle de leur propre couleur personnelle. La découverte de leur couleur de vie aide les enfants à mieux comprendre les membres de leur famille ainsi que leurs amis, et leur permet d'exprimer naturellement leur personnalité. Ils peuvent alors s'épanouir plus librement et développer leur personnalité en accord avec leurs propres dispositions. Déterminez tout d'abord votre couleur de vie, en vous reportant au chapitre 1.4 « Les couleurs de vie » (p. 43), et découvrez ensuite comment celle-ci peut influer sur votre relation avec les enfants indigo.

– *La relation entre une personnalité « indigo » et une personnalité « rouge »*
  En principe, les rouges et les indigos ont peu de chose en commun. L'indigo sent que la vie et la matière sont énergie, le rouge a le sentiment que l'indigo « n'est pas de ce monde » et ne parvient pas à comprendre l'attitude indigo par rapport à la réalité objective. Les indigos sont beaucoup trop sensibles, calmes et introvertis pour s'entendre avec l'énergie physique explosive, la puissance et l'agitation du rouge. Les « rouges » préfèrent voir la réalité de façon exclusivement objective. Tandis que les indigos ont du mal à accepter leur corps physique, chez les rouges presque tout est

physique. La sexualité est pour l'indigo l'expérience de deux âmes fusionnant à un niveau subtil supérieur, alors que pour le rouge, il s'agit d'une expérience sensuelle procurant du plaisir. Le rouge a également du mal à entrer en contact avec ses propres sentiments et ne peut comprendre le langage, les idéaux, les philosophies et les vues éthériques de l'indigo. Ils n'ont pas grand-chose à se dire, l'indigo « plane » beaucoup trop pour le rouge, et le rouge est beaucoup trop « terre à terre » pour l'indigo.

– *La relation entre une personnalité « indigo » et une personnalité « orangée »*
Ils ont peu de chose en commun et peu de chose à se dire. Les concepts universels de l'indigo sont étrangers à l'orangé, lui paraissent bizarres. L'orangé aime la réalité concrète, l'excitation et l'aventure. L'indigo aime parler de spiritualité, d'amour et de sa conception de la conscience. L'orangé, en revanche, n'a que peu, voire aucun intérêt pour ces thèmes. Certes, il arrive que l'indigo admire le courage de l'orangé, mais il le trouve vite trop lourdaud, trop individualiste et trop égocentrique pour être de bonne compagnie. La personnalité orangée est solitaire. L'indigo apprécie certes la solitude lui aussi, mais il aime également la compagnie d'amis proches. Tandis que l'orangé veut maîtriser la réalité objective, l'indigo la voit plutôt comme une illusion. L'indigo gravira la montagne pour jouir de la nature et de l'énergie des sommets, l'orangé pour la soumettre.

– *La relation entre une personnalité « indigo » et une personnalité « jaune »*

L'amical être jaune et le sensible individu indigo peuvent faire de bons amis. L'attitude joueuse du jaune intéresse l'indigo. Inversement, l'attitude de vie de l'indigo est nouvelle pour le jaune. Il aime à découvrir, avec la joie et la légèreté qui sont les siennes, les idées inhabituelles de l'indigo sur la vie. Tous deux sont sensibles et fiers aussi, et n'aiment pas qu'on leur dise ce qu'ils doivent faire. Aussi se laissent-ils l'un l'autre beaucoup de liberté et ils ne cherchent pas à se contrôler mutuellement. L'indigo recherche une relation d'âme à âme, le jaune en revanche voit les choses de façon plus superficielle, les deux partagent simplement le besoin de vivre ensemble dans l'instant présent. Le jaune vit dans son corps et aime être actif physiquement, tandis que l'indigo éprouve des difficultés à être dans le plan physique et préfère focaliser son attention sur les vérités spirituelles et les concepts éthiques. L'individu jaune peut aider l'indigo à s'ancrer davantage dans son corps en apprenant à l'apprécier et à s'amuser davantage. L'indigo a besoin de quelqu'un sur qui il puisse compter, mais pour ça le jaune est souvent absent. Sentir les autres dépendants de lui n'amuse pas le jaune, ce qui déçoit facilement l'indigo. Les deux désirent une relation harmonieuse, sans conflit et sans blesser l'autre.

– *La relation entre une personnalité « indigo » et une personnalité « verte »*

Les deux peuvent être fascinés l'un par l'autre, mais la personnalité verte, qui veut toujours être plus rapide et plus rusée, est frustrée lorsque l'indigo ne donne pas d'explication rationnelle pour soutenir ses croyances. Étant donné que le vert a besoin de contrôler sa vie, et aime bien contrôler celle des autres, il peut entrer en conflit avec l'indigo qui refuse systématiquement de se laisser diriger. Le vert peut cependant accepter ce refus. L'indigo, de nature curieuse, peut beaucoup apprendre de l'individu vert intelligent et bien informé. Le vert doit seulement apprendre à aborder l'indigo avec douceur et non en le brusquant. L'indigo a une sensibilité profonde et a besoin d'être sûr qu'il peut avoir confiance dans les gens qui l'entourent. Les verts sont plus impatients et font les choses à la hâte, tandis que l'indigo a besoin d'aller à son propre rythme et n'aime pas être bousculé ou forcé à accélérer. Le vert étant davantage intéressé par la réussite et l'indigo pas du tout, les deux peuvent entretenir une bonne relation, mais ça n'est pas systématique.

– *La relation entre une personnalité « indigo » et une personnalité « bleue »*

Ces deux personnalités peuvent être liées par un immense amour qui les nourrit mutuellement. L'individu bleu est probablement le seul à parfaitement comprendre la spiritualité de l'indigo. En outre, il souhaite lui aussi voir régner la paix, la sérénité, l'amour et l'harmonie sur cette planète, exactement comme l'indigo. Le bleu est capable d'accompagner l'indigo avec beaucoup d'amour dans sa quête de compréhension des choses et de réponses. L'indigo a besoin de gens comme lui, qui le comprennent et le soutiennent, et ne font pas que s'opposer ou critiquer. Il apprécie l'amour inconditionnel que lui témoigne l'individu bleu. La personnalité bleue prend souvent sur elle les problèmes de l'indigo. Ils sont tous les deux intuitifs, estiment la connaissance intérieure de l'autre et peuvent renoncer aux détails et faits concrets. Le bleu sait la profondeur des relations de l'indigo et tous deux peuvent entretenir une relation chaleureuse et pleine d'amour. Les problèmes surviennent seulement lorsque l'indigo n'est pas bien centré et se replie sur lui-même. Cela est dur à accepter pour l'individu bleu qui a constamment besoin de communiquer sur les émotions avec son interlocuteur. Lorsque l'individu bleu est décentré, l'indigo a du mal à gérer son attitude de victime, de martyr et sa tendance à s'apitoyer sur lui-même, car ces concepts lui sont complètement étrangers.

– *La relation entre deux personnalités « indigo »*
Deux indigos peuvent vraiment bien se comprendre. La relation peut toutefois devenir très difficile car ils sont l'un comme l'autre déconnectés de la réalité objective. Ils se comprennent au niveau spirituel, mais ne peuvent pas se soutenir mutuellement dans le plan terrestre. Cependant, ils peuvent devenir très bons amis et avoir un lien très fort sur le plan spirituel, mais aucun des deux ne va pouvoir s'occuper des détails pratiques de la vie quotidienne, ce qui pose problème. Émotionnellement, les indigos vont très bien ensemble, mais ils devraient

peut-être se tourner un peu plus vers l'extérieur et les autres, ce qui leur permettrait d'apprendre davantage.

– *La relation entre une personnalité « indigo » et une personnalité « violette »*
Cette relation renferme de grandes possibilités, à condition que l'individu violet ne se montre pas trop dictatorial et dominateur. Grâce à ses dons de visionnaire, la personnalité violette peut comprendre la position de l'indigo. Le violet peut voir l'avenir, alors que l'indigo le sent. Les indigos se laissent volontiers guider par les violets, ils apprécient leurs qualités de leader, leur puissance. Les indigos se sentent protégés par eux et obtiennent auprès d'eux les réponses à leurs nombreuses questions. Bien que le violet désire toujours être au centre, cela ne pose pas de problème car l'indigo préfère qu'on le laisse tranquille. La grosse différence entre les deux est la suivante : l'indigo recherche des amis proches pour entrer dans une relation d'âme à âme, tandis que le violet aime jouer la comédie et s'entourer d'une grande quantité de personnes. Ils aiment tous deux voyager, découvrir d'autres cultures et d'autres pays et montrent une grande compassion pour les autres. Ce qu'ils voient, sentent et perçoivent comme réalité supérieure peut aider beaucoup d'êtres sur cette planète à élargir leur conscience. Tous deux aimeraient voir s'accomplir sur la Terre, la paix, la compassion et un éveil spirituel.

Chapitre 3 :

L'éducation adaptée à l'enfant indigo

3.1 Élever et guider les enfants indigo

Dans mes séminaires et à mon cabinet, je vois défiler beaucoup de parents qui ont des difficultés avec leurs enfants. Je sens souvent une grande frustration et un fort sentiment de culpabilité chez ces parents, chez les mères surtout. Ils sont parfois désespérés et ne savent plus quoi faire pour contrôler leur enfant, car ils sont assaillis de réflexions de toute part, du type : « Tu ne pourrais pas éduquer ton enfant un peu mieux ? », « Tu ne peux pas faire en sorte qu'il se calme ? », « Ne peux-tu pas veiller à ce qu'il fasse ses devoirs… », « Ne pouvez-vous pas lui enseigner la rigueur de l'école ? », « Votre enfant perturbe la classe », etc. Il est facile d'imaginer la réaction des parents face à de telles agressions. Ils se sentent profondément frustrés, et cela leur rend la vie amère. Les éducateurs mal ou pas du tout centrés sont vite à bout dans l'éducation de ces enfants du Nouvel âge. Les enfants ne réagissent plus à l'autorité sous prétexte qu'il s'agit d'autorité.

Je dois reconnaître qu'il n'est pas facile pour les parents d'avoir un enfant indigo dans la famille. Ces enfants les mettent constamment en face de leurs propres insuffisances et blocages émotionnels. En réalité, ils ont une chance inespérée de former une famille harmonieuse, ce à condition qu'ils se décident à changer. Il me semble que le rôle des parents doit être remodelé, afin que les nouveaux enfants puissent rester des enfants, tout en étant reconnus dans leur indéniable grandeur intérieure. Les groupes de travail et la thérapie peuvent permettre aux parents d'apprendre à maîtriser la situation et à grandir eux aussi. Sans se connaître soi-même, il paraît difficile de ne pas avoir de préjugés sur soi-même et sur ses enfants, ainsi que d'apporter clarté et structure dans la famille.

Une des missions des enfants indigo est de nous aider à établir des relations faites d'amour inconditionnel, de sincérité, d'acceptation, d'ouverture et de joie. Des relations comme nous en souhaitons tous ardemment au plus profond de nous. Peut-être avez-vous, vous aussi, un enfant que vous ne parvenez pas à comprendre ? Un enfant qui, de toute façon, sait toujours tout mieux que tout le monde et dont le premier mot fut « Non ! » ? Ou encore, un enfant incroyablement doux et agréable, mais qui n'entre malgré tout pas dans la norme ? Aimer inconditionnellement est alors tâche ardue et exige, dans tous les cas, une évolution des habitudes éducatives des parents, ainsi qu'un élargissement de leur conscience, autrement dit une autre vision des choses. Les enfants indigo aideront le monde à grandir et nous encourageront à jeter par-dessus bord ce qui est ancien et dépassé pour oser le nouveau. Renouvellement et coopération sont les clés de l'avenir.

Les questions suivantes se posent :

1. Comment pouvons-nous élever et guider l'enfant indigo de sorte qu'il puisse nous transmettre sa sagesse

intérieure et son cadeau d'amour ? Comment pouvons-nous simplement apprécier son existence ?

2. Que pouvons-nous faire pour que l'enfant puisse grandir sans trop entrer en conflit avec son entourage ?
3. Comment pouvons-nous nous débarrasser de nos préjugés sur les enfants paranormaux* et le syndrome déficitaire, et y substituer quelque chose de positif ?
4. Comment pouvons-nous accompagner et guider les enfants indigo, afin qu'ils survivent dans notre monde et nos écoles jusqu'à ce qu'ils atteignent l'âge adulte et trouvent leur voie ? Nombreux sont les enfants indigo dépressifs. Une phrase typique de l'enfant indigo est : « Ah, maman, si j'avais su, je ne serais jamais venu sur Terre ! ».
5. Comment les parents peuvent-ils « survivre » avec un enfant qui, en réalité, n'a pas besoin de parents au sens traditionnel du terme.
6. Comment arriver à ne plus voir nos enfants comme des copies de nous-mêmes, et les laisser grandir et acquérir une personnalité autonome.

Je me propose ci-après d'examiner de plus près les principales attitudes, positives et négatives, des parents et leurs éventuelles causes. Aux côtés positifs sont opposées les « perturbations » négatives, ainsi que les différentes déficiences et faiblesses. À ce propos, nous ne devons jamais perdre de vue que la déferlante d'enfants indigo est toute récente. Nous ignorons encore beaucoup à leur sujet. Ni la science, ni la recherche sur le comportement ne m'ont apporté d'éléments instructifs que j'aurais pu utiliser pour mon livre. En revanche, les rapports expérimentaux de pédagogues, thérapeutes, conseillers et éducateurs du monde entier, qui travaillent avec ces enfants, sont nombreux. Ce sont les nouveaux pionniers, tout comme le furent avant eux les précurseurs de la psychiatrie et de la psychologie.

Un réseau d'informations commence progressivement à se tisser. Dans de nombreux pays toutefois, la question de l'éducation semble demeurer un sujet tabou, sur lequel s'affrontent les groupes conservateurs et des personnes aux idées plus modernes et innovantes. Si l'on étudie l'histoire de l'enseignement et les théories des grands pontes de l'éducation de ces derniers siècles, on s'aperçoit que cela fait déjà plus de 270 ans que le monde parle de réformes qu'il serait souhaitable d'introduire dans le système éducatif. Or, peu de choses ont évolué au fil du temps. J'ai le sentiment que les enfants indigo sont là pour nous obliger à prendre une nouvelle direction. Ils nous montreront comment nous pouvons vivre en harmonie avec nous-mêmes et avec eux, comment nous pouvons revoir la structure familiale, afin que parents et enfants aient suffisamment d'espace, comment nous pouvons entrer à nouveau spontanément en contact avec notre Être véritable et comment le bonheur et la joie de vivre peuvent retrouver leur place au sein de la famille.

Quels éléments peuvent nous aider dans ce nouveau défi ?

De toute évidence, le seul langage que comprennent les enfants indigo est le langage de l'amour. Qu'est-ce qui pourrait nous aider dans notre relation avec eux ? Comment pouvons-nous les aider à développer leurs qualités et prédispositions positives ? Comment faire pour empêcher que notre façon de les élever, certes pleine de bonnes intentions mais restrictive, conduise à un complet reniement de certains aspects de leur personnalité ? Une attitude qu'il faut à tout prix adopter est l'acceptation inconditionnelle, le « oui » sans réserve, sans « si » ni « mais ». L'acceptation, en soi, est amour pur ! La communication basée sur des messages ayant la première personne du singulier comme sujet et la méthode de « Résolution des conflits sans perdant » sont d'autres outils précieux. En outre, si vous apprenez à définir des limites précises et à vous en tenir à une discipline claire, tout en laissant à l'enfant suffisamment de liberté pour faire ses propres expériences, vous pouvez vous dire que vous êtes sur la bonne voie.

– L'acceptation

D'une manière générale, on peut dire que l'acceptation totale est l'un des moyens les plus importants et les plus efficaces pour garantir une bonne relation entre parents et enfants. Thomas Gordon donne une description impressionnante à ce sujet dans son livre *Conférence familiale*. Un être peut-il témoigner à son semblable une acceptation véritable et profonde ? Peut-il vraiment l'aider ? Son acceptation inconditionnelle permet à cet autre individu de grandir, de s'épanouir, de changer positivement. Un chemin s'ouvre à lui qui lui permet d'apprendre à solutionner ses problèmes, à devenir plus équilibré psychologiquement, plus productif et plus créatif.

L'acceptation est comme le sol fertile qui permet à la graine minuscule de devenir la fleur délicieuse qui sommeille en elle. Ce sol, cette acceptation, permet à l'enfant de développer son potentiel. Il est surprenant de voir comment les enfants se confient souvent à de parfaits inconnus. Ils leur confient tout et les parents sont surpris, plus tard, lorsque ces histoires leur reviennent aux oreilles. En fait, l'enfant s'est senti accepté et donc en sécurité. Il pouvait alors raconter tout ce qu'il voulait. Il arrive fréquemment que des secrets et des histoires, restés enfouis au plus profond de l'enfant, soient ainsi révélés.

De nombreux parents pensent que l'acceptation totale n'est pas favorable au développement positif de leur enfant. Dans l'éducation de leur enfant, les parents adoptent dans une large mesure le langage de la non-acceptation et pensent que c'est le meilleur moyen de les aider. Reprenons un instant la comparaison de l'acceptation et du sol qui nourrit la petite bouture. Nous remarquons qu'en l'absence d'acceptation, le sol est infesté d'évaluations, de jugements, de critiques, de sermons, de leçons de morale et d'ordres. Généralement, le réflexe des enfants face à de tels messages est de se replier sur eux-mêmes. Les enfants indigo réagissent encore plus fortement, voire parfois de façon allergique. Les « rois et les reines » qu'ils sont, tolèrent difficilement qu'on les traite injustement et sans amour inconditionnel. Ils ont tôt fait de comprendre qu'il est plus confortable de garder leurs sentiments, leurs opinions et leurs soucis pour eux. Le langage de l'acceptation parvient toutefois à les dégeler : il ouvre la voie permettant de prendre part à leurs sentiments et à leurs problèmes.

L'acceptation passive seule ne suffit bien sûr pas. L'enfant n'est jamais vraiment certain qu'il est accepté tant que l'adulte ne le lui montre pas de façon active. Il s'agit d'envoyer à l'enfant des messages d'acceptation sous forme de mots ou d'actes.

L'acceptation peut s'exprimer comme suit :

1. Acceptation silencieuse
L'acceptation est exprimée sans mot dire, par le langage du corps par exemple, les gestes, l'expression du visage ou autres attitudes.

2. Non-intervention
En n'intervenant pas, les parents peuvent montrer qu'ils acceptent ce que fait l'enfant. Intervenir consiste par exemple à le déranger, le contrôler, à pénétrer de force dans sa chambre ou à l'empêcher de commettre des erreurs.

3. Écoute passive
Il s'agit d'une écoute attentive dans laquelle on ne cesse de signaler à l'enfant qu'on l'écoute, par des interjections telles que « Ah oui », « Je vois », « Mmh », etc.

4. Acceptation exprimée avec des mots
On dit clairement à l'enfant que ses opinions et ses actes sont parfaitement acceptables.

5. Écoute active

Dans l'écoute active, un processus de communication est établi, dans lequel l'émetteur et le récepteur sont ouverts l'un à l'autre et se règlent attentivement l'un sur l'autre. Le récepteur signale à l'émetteur qu'il comprend en répétant le message. Les malentendus sont ainsi exclus. Très souvent, nous envoyons plusieurs messages en même temps et nous nous méprenons sur ce que l'autre a voulu dire.

Thomas Gordon écrit : « *Dans l'écoute active, le récepteur essaie de comprendre ce que l'émetteur ressent ou ce que son message veut dire. Il reformule ce qu'il a compris avec ses propres mots (code) et le soumet à nouveau à l'émetteur pour confirmation. Le récepteur n'émet personnellement aucun message, par exemple un jugement, un avis, un conseil, un argument, une analyse ou une question. Il se contente de rapporter ce qu'il pense que l'émetteur a voulu dire, ni plus, ni moins.* »

Beaucoup de thérapeutes et de conseillers obtiennent des résultats satisfaisants avec les enfants, parce qu'ils maîtrisent le langage de l'acceptation et savent l'utiliser. Les parents aussi peuvent, par les mots ou les sentiments, apprendre à montrer à leur enfant qu'ils l'acceptent. S'ils y parviennent, ils sont alors en possession d'un outil vraiment précieux et peuvent obtenir des résultats surprenants. Ils peuvent considérablement influencer la capacité de l'enfant à vivre ses émotions librement et à les montrer. Cela ne dépend que d'eux si l'enfant respecte les limites et le cadre qu'ils ont définis.

De tous les effets de l'acceptation, le sentiment intime que l'enfant a d'être aimé est de loin le plus important. Car accepter un être « tel qu'il est » constitue un acte authentique d'amour. Se sentir accepté signifie se sentir aimé. Naturellement, il est souhaitable que nous agissions ainsi avec tous. Mais les enfants indigo, plus que les autres, exigent vraiment que nous apprenions à les accepter tels qu'ils sont. Ils sont conscients de leur grandeur et de leur importance. Ils exigent de nous la preuve que nous en avons également conscience et l'acceptons ! Si l'enfant indigo se sait inconditionnellement aimé de ses parents, il dispose alors des meilleures bases qui soient pour son évolution. Il se laisse guider par l'amour et aimerait que nous apprenions à en faire de même. En réalité, l'enfant indigo n'a nullement besoin de parents dans le sens où nous l'entendons communément. Ce dont il a impérieusement besoin c'est d'amour, d'un accompagnement chaleureux et de structures claires. C'est là que réside le nouveau devoir des parents.

– *Les messages à la première personne du singulier*

Il est à mon avis indispensable que nous apprenions, dans nos relations, à communiquer en utilisant davantage de phrases à la première personne du singulier. Nous sommes tellement habitués à utiliser des phrases à la deuxième personne du singulier que nous en oublions tout ce que celles-ci véhiculent. Les messages ayant « je » comme sujet permettent à la personne qui parle de rester avec elle-même et ses sentiments ou opinions. Les messages ayant « tu » comme sujet contiennent la plupart du temps des remarques désagréables, des généralisations ou des accusations et, surtout, ils ne communiquent pas le ressenti de leur auteur. Les formulations à la première personne du singulier permettent de neutraliser les disputes. Les parents ont le droit d'avoir leurs propres points de vue et émotions, et grâce à la formulation en « je », ils peuvent exprimer ces émotions sans culpabiliser l'enfant.

Exemple : avec un message à la première personne du singulier, une mère peut dire : « Je me sens blessée lorsque tu fais ça. » À la deuxième personne, cela donnerait : « Tu me fais du mal, tu me blesses. » Pour l'enfant, il y a une différence considérable entre ces deux messages. Avec la phrase à la première personne, la mère lui communique ce qu'elle ressent et ce qui se passe en elle à l'instant. En revanche, par le message à la deuxième personne, elle attribue à l'enfant quelque chose qu'il n'a certainement pas voulu faire intentionnellement[1].

Les conversations commençant par des phrases avec « tu » pour sujet se terminent, pour la plupart, en dispute ou sont simplement interrompues. Personne n'en sort heureux ni satisfait. Personne ne se sent compris. Les messages avec « je » risquent moins d'entraîner une dispute. Cela ne veut pas dire que leur contenu soit forcément plaisant. Pour un enfant, il est déjà suffisamment pénible d'apprendre de la bouche de sa mère que son comportement la dérange, voire lui fait du mal. Dire à l'enfant ce que vous ressentez personnellement est toujours moins menaçant que de le culpabiliser directement.

Les enfants indigo se distinguent des autres enfants en ce sens qu'ils ne se reconnaissent pas dans le modèle émotionnel de leurs parents. Lorsqu'ils se sentent traités injustement, ils

1. Pour en savoir plus sur l'effet des messages, je vous recommande le livre fort intéressant de Masaru Emoto *The Message from Water*.

sont déçus devant tant de fausseté et de manque de sincérité. Cela peut conduire à des réactions extrêmes :

1. Ils piquent des crises de nerfs.
2. Ils se replient complètement sur eux-mêmes.
3. Ils renoncent à essayer de se montrer justes avec leurs parents, car cela ne semble de toute façon pas servir à grand-chose.

Dans leurs rapports avec les enfants indigo, les parents peuvent apprendre à gagner en courage et en assurance pour exprimer leurs émotions et leurs sentiments profonds. De toute façon, l'enfant indigo sait déceler leur point faible. Il sait parfaitement ce qu'il faut faire, sur quel bouton appuyer pour les mettre hors d'eux. Si vous montrez ouvertement à votre enfant votre côté sensible, votre vulnérabilité, il vous estimera et vous respectera. Car vous parlez alors son langage. L'enfant indigo, avec la soif de vérité et de sincérité qui est la sienne, ne profitera sûrement pas de vous ni n'abusera de votre bonne foi, si ce n'est que tout enfant a besoin de domaines dans lesquels il puisse tester les limites.

Pour les parents, se mettre à nu devant leur enfant constitue déjà un grand pas. Ca n'est pas une décision facile, d'autant plus lorsqu'ils n'ont aucune expérience en la matière. Mais on récolte ce que l'on sème. Honnêteté et sincérité favorisent la confiance, et sur ce terrain peut alors naître une véritable relation d'être humain à être humain. L'enfant découvre ses parents tels qu'ils sont réellement, ce qui l'encourage à son tour à leur révéler qui il est. Au lieu d'être des étrangers les uns pour les autres, un lien étroit se tisse et personne ne se sent plus étranger dans sa propre maison.

– *Résolution des conflits sans perdant*

En anglais, cette forme de résolution des conflits est appelée la solution « Win-Win » (*to win* = gagner). Cela signifie qu'il n'y a ni vainqueur ni vaincu, ou que les deux parties sont gagnantes car la solution est acceptable pour les deux. Cette résolution de conflit est même satisfaisante pour les deux parties, car à la fin ces dernières font un arrangement qui leur convient à toutes les deux.

Prenons l'exemple d'un conflit entre un père et son enfant dans lequel l'enfant veut quelque chose que le père a de bonnes raisons de lui refuser. Le père propose à l'enfant de chercher ensemble une solution acceptable pour les deux. Les deux parties peuvent proposer différentes solutions possibles. Elles en font ensuite une analyse critique et optent finalement pour une solution définitive acceptable pour les deux. Au début, cette méthode peut sembler insolite et exige des deux côtés une réelle envie d'essayer. Mais elle est efficace et simplifie nettement la vie. Les enfants indigo, très ouverts et réceptifs à la sincérité et aux occasions d'être traités d'égal à égal, coopèreront rapidement et s'en tiendront aux accords conclus. Cette approche des conflits correspond tout à fait à leur nature.

3.2 Comment l'enfant indigo aborde-t-il les problèmes ?

Un enfant bien centré et fort aspirera à résoudre tous les problèmes en accord avec ses principes élevés. Les réponses doivent être éthiques, humaines et pleines d'amour. Il ne tolère pas les réponses manquant d'honnêteté et de franchise, que l'on s'empresse d'adopter simplement parce qu'elles sont commodes. Il essaiera de se laisser guider par son ressenti profond et d'agir au mieux pour lui-même et pour les autres. Un enfant décentré, qui n'est pas en contact avec son être intérieur, a peine à résoudre les problèmes. Il est coupé de son intuition, confus, désorienté et n'a pas confiance en ses propres solutions. Il ne parvient pas à imaginer comment concilier sa perception cosmique avec la réalité terrestre. Il se replie alors sur lui-même, se sent isolé et incompris. Le problème reste entier.

L'ennui

On entend souvent dire que la plupart des enfants indigo s'ennuient très vite. Quelque chose semble les pousser intérieurement à constamment déplacer leur attention d'un objet à l'autre. Ils ont besoin d'occupations spéciales et de défis sans cesse renouvelés afin de ne pas s'ennuyer. À cela s'ajoute qu'ils ont le don naturel de percevoir bien plus qu'il n'y paraît. Les idées leur viennent souvent spontanément sans qu'ils aient à chercher. Ils ne comprennent pas que nous ne percevions ou ne voyions pas la même chose qu'eux. Ils essaient de communiquer avec nous au niveau de l'âme, mais généralement ils finissent par abandonner lorsqu'ils se heurtent à notre incompréhension.

Le monde matériel, tel que nous l'avons créé, semble les ennuyer. Les obligations quotidiennes les ennuient également. Ils préfèreraient faire ce qu'ils ressentent comme étant leur devoir véritable. Cela leur coûte chaque jour énormément d'énergie de se retenir de faire ce qui leur semble juste et important. N'étant pas autorisés à « s'écarter du chemin », à faire quelque chose de différent, ils commencent à s'ennuyer. Ils savent qu'ils apprennent bien mieux lorsqu'on leur permet de faire et de penser par eux-mêmes, mais la plupart des systèmes éducatifs ne permettent pas à l'enfant d'apprendre de la manière qui lui convient. Les capacités spirituelles et intellectuelles des enfants sont très rarement stimulées à leur juste valeur, que ce soit par les parents, leur entourage ou l'école.

Qu'est-ce que l'ennui au juste ? Entend-on par ennui le fait de s'attarder en un point plus longtemps que ce que notre monde agité considère comme normal ? L'ennui survient le plus souvent lorsque nous sommes contraints à faire une chose en désaccord avec nos convictions profondes ou nos goûts véritables. Se pourrait-il que les enfants indigo aient simplement besoin de plus d'espace à eux ? Se pourrait-il qu'ils aient seulement l'air de s'ennuyer, alors qu'en réalité ils ont simplement besoin de temps pour se remettre de notre agitation, parce que notre monde ne correspond pas à leurs propres conceptions ?

Les enfants indigo sont différents génétiquement, ils vivent dans un état éveillé. Chez eux, le voile entre le plan terrestre et le plan spirituel est moins important. Ils pensent vite, comprennent vite, leur énergie traverse à une allure vertigineuse la matrice mentale* de leur cerveau sous forme d'idées et de pensées. Tout ce qui ne va pas assez vite pour eux les ennuie et ils s'absentent alors mentalement.

Outre leur constitution génétique inhabituelle, leur cerveau est également construit différemment. Les ponts reliant l'hémisphère droit et l'hémisphère gauche du cerveau sont plus nombreux chez eux. Leurs deux hémisphères cérébraux travaillent donc mieux ensemble. C'est ce qui fait qu'ils ont sans cesse besoin de nouveaux défis pour maintenir leur intérêt éveillé. De plus, seuls les thèmes au contenu spirituel, honnête, éthique, ou concernant le respect de l'environnement, les intéressent vraiment. Leurs idéaux sont tout simplement très élevés. Les enfants indigo ne fonctionnent et ne réagissent pas comme les autres. Par exemple, ils ont besoin de beaucoup bouger lorsqu'ils pensent, apprennent ou créent quelque chose. Dans le mouvement, ils trouvent une sorte d'apaisement qui leur permet de rassembler leurs esprits et d'avoir les idées plus claires.

Nous vivons à une époque où les informations circulent à une allure vertigineuse. Rien d'étonnant donc à ce que les enfants indigo se lassent vite d'un jeu ou d'une occupation, et passent vite d'une chose à l'autre. Nous devons aller plus loin pour comprendre cette soif de mouvement et de changement. Cela ne veut pas dire que tout les ennuie systématiquement, mais l'ennui surgit inévitablement lorsqu'ils sont obligés de faire quelque chose trop longtemps. Et surtout, ils trouvent la répétition perpétuelle des mêmes choses peu passionnante. Il peut arriver qu'ils aient un jouet préféré avec lequel ils s'amusent tout le temps. Mais, contrairement aux générations précédentes, vous ne les verrez jamais jouer pendant des heures avec un même élément de ce jouet, à moins que cet élément soit mobile. À l'avenir, on trouvera nettement plus de jouets mobiles, qui se déplacent, parlent, piaillent, répondent, et ils stimuleront et enthousiasmeront ces enfants.

Les enfants indigo ont besoin de se détendre de la façon qui leur convient, même si nous ne comprenons pas toujours ou ne pouvons pas toujours le permettre. Par exemple, pour beaucoup d'entre eux, c'est justement dans le mouvement qu'ils parviennent à se calmer. Certaines situations qui, pour nous, sont plutôt synonymes de stress, leur permettent de s'apaiser. Si l'on observe attentivement l'enfant indigo, on s'aperçoit que les jeux vidéo l'apaisent. Beaucoup pensent que tous ces jeux sont nuisibles à l'enfant, alors qu'ils semblent au contraire lui permettre de se recharger. Cette déferlante de jeux vidéo arrive sans nul doute au moment opportun (heureusement, à côté des jeux violents nocifs, il existe d'autres jeux au contenu pédagogique très précieux).

Beaucoup d'adultes s'étonnent de voir de tout jeunes enfants manipuler les programmes informatiques avec une grande facilité, ou bien donner des conseils d'utilisation à leurs parents qui ne sont pas toujours aussi à l'aise. De plus, les enfants indigo sont si rapides et si vifs dans leur créativité qu'ils ne trouvent souvent pas les mots pour se faire comprendre. Mais ce sont des tâches qui stimulent leurs deux hémisphères cérébraux, l'intuition et la créativité, et il n'y a alors plus de place pour l'ennui.

Concentration et attention

À l'école comme à la maison, les plaintes concernant le manque d'attention de nombreux enfants sont un thème très actuel. Il serait toutefois inexact de prétendre que tous les enfants indigo sont distraits, et que tous les enfants distraits – c'est-à-dire souffrant d'un trouble déficitaire de l'attention (TDA) – sont des enfants indigo. Il est toutefois frappant de constater qu'un grand nombre d'enfants indigo tombent néanmoins dans cette catégorie. Mais si l'on approfondit les recherches, on arrive à la conclusion apparemment contradictoire que les enfants indigo sont en réalité très attentifs, notamment lorsque quelque chose les intéresse. Cependant, ils ne savent pas diriger consciemment leur attention. La moindre modification dans leur environnement peut les troubler, les distraire ou encore attirer inconsciemment leur attention.

Du fait de son extrême sensitivité et de sa faculté de perception très développée, l'enfant indigo reçoit beaucoup plus d'informations que les autres enfants, que ce soit sous forme de pensées, d'idées ou d'images. Il est parfois tellement accablé par ce foisonnement d'informations qu'il peut devenir très nerveux et confus. La raison est la suivante : lorsqu'un être est relié à une énergie supérieure, son contact avec les plans subtils s'intensifie. Ce qui implique qu'un nombre accru d'images et de messages lui parviennent dans le cerveau et qu'il voit parfois ce qui se cache derrière les choses.

Afin de mieux comprendre ce qui se passe à l'intérieur de l'enfant indigo, j'aimerais vous convier à un petit exercice :

Imaginez que vous êtes assis et que vous écoutez quelqu'un qui aimerait vous montrer ou vous expliquer quelque chose :

1. Vous êtes si ouvert, si sensitif et intuitif que vous sentez depuis longtemps ce que la personne en face de vous cherche à vous dire. Cela dure trop longtemps et ne va pas assez vite pour vous… votre attention finit par s'égarer.
2. De plus, il vous vient tellement d'images et de messages à l'esprit que vous êtes constamment capable de considérer sous un autre angle ce qui vous est dit. Un torrent d'idées créatives afflue directement de votre esprit vers votre cerveau. Un flot d'informations déferle dans votre tête à une vitesse telle que vous êtes incapable de traduire en mots ce que vous percevez et vivez… et votre attention s'égare.

À ce don naturel vient s'ajouter le fait que l'enfant indigo sait déjà tout intuitivement. Ce qui fait que, souvent, tous les sujets le lassent vite. Il préfère de loin se concentrer sur le savoir nouveau qui bouillonne dans son cerveau pour voir quelle solution en ressort. Les enseignants n'ont souvent pas conscience de ce phénomène et interprètent le comportement de l'enfant comme un manque d'intérêt. Mais les enfants indigo vivent dans leur monde, le monde matériel étant pour eux trop simple et trop superficiel pour qu'ils puissent s'y intéresser longtemps.

Certains enfants indigo, en revanche, sont sans nul doute atteints du TDA (trouble déficitaire de l'attention). Ils peuvent être très irrités lorsque des objets disparaissent de leur environnement habituel ou lui sont ajoutés. Le moindre mouvement, bruit ou petit événement les distrait et capte leur attention. Précisément à l'école, où les enfants doivent rester assis sans bouger pendant un temps interminable, le moindre crayon qui tombe ou ce qui se passe de l'autre côté de la fenêtre peut les distraire et détourner leur attention du cours. De tels enfants oublient alors tout ce qui les entoure. Il leur est souvent très difficile de faire un effort conscient pour diriger leur attention somnolente sur ce que l'instituteur est en train d'expliquer.

De plus, l'enfant indigo est un enfant actif qui a besoin de mouvement lorsqu'il apprend. Il ne fonctionne pas comme les autres et répartit son énergie différemment. Il a besoin de stimulations vivantes et motivantes. Lorsque l'enfant se trouve dans un environnement qui ne le convainc pas, il cherche aussitôt à s'en échapper. Il fuit souvent ou essaie de contourner la situation, ou bien tente de lui donner un sens plus profond.

L'enfant indigo souffrant d'un déficit de l'attention a besoin d'objectifs qu'il puisse visualiser. Des buts qui soient motivants, car ses énergies se détruisent et se renouvellent vite. Il veut rester libre et indépendant. Il a du mal à se concentrer sur des choses sans intérêt et il hait cela lorsqu'il doit faire quelque chose sans réel enthousiasme, sans motivation ou excitation. On dirait parfois que l'enfant indigo TDA a besoin d'expériences fortes pour se sentir vivant.

Une institutrice pleine d'amour pour les enfants, et qui comprend bien les enfants nouveaux, raconte : « *Si je veux que le cours se déroule calmement et harmonieusement, il est important que je laisse suffisamment de liberté aux quelques enfants indigo éventuellement présents dans la classe. Il arrive parfois que l'un d'eux se lève et se mette simplement à arpenter la pièce pendant deux minutes. Puis il se rassoit et se concentre à nouveau sur le cours. Ou un autre se lève, va chercher son sac et le vide complètement pour ensuite tout ranger à nouveau. Cinq minutes après, il retourne de lui-même à sa place et reprend part au cours. Dans pareils cas, j'ai coutume de dire : « Tu as trouvé ce que tu voulais ? » Les enfants confirment généralement par un aimable : « Oui, j'ai trouvé ! ». Mes expériences dans le domaine sont très concluantes et ainsi, le cours n'est jamais interrompu. »*

Bilan de l'institutrice : nous devons laisser cette liberté aux enfants.

Signes de TDA :

- l'enfant refuse souvent d'accorder une attention spéciale à une chose, à moins d'être véritablement captivé par elle ;
- à l'école, il fait des erreurs d'inattention ;
- il donne souvent l'impression de ne pas écouter lorsqu'on s'adresse à lui ;
- il se laisse facilement distraire par les stimuli extérieurs ;
- il perd souvent des affaires importantes pour ses devoirs de classe ou ses activités, les oublie ou ne les range pas à leur place, il est souvent distrait lorsqu'il s'agit d'accomplir les tâches quotidiennes ;
- il n'est pas à ce qu'il fait lorsqu'il joue ou fait ses devoirs ;
- il n'écoute pas les conseils ou instructions qu'on lui donne ;
- il a souvent du mal à s'organiser dans ses devoirs ou ses activités ;

- il a du mal à intégrer les nouvelles règles car il n'a pas écouté les explications ;
- il a du mal à écouter. Des morceaux de phrases ou des détails du discours lui échappent ;
- il a tendance à s'ennuyer facilement.

Lorsque, chez un enfant, au moins deux de ces symptômes sont plus marqués que chez les autres enfants du même âge ou qu'ils apparaissent avant l'âge de 7 ans, on parle de TDA, autrement dit de trouble déficitaire de l'attention. Nous devons accorder une attention et un traitement spécial à ces troubles.

De nombreux spécialistes, qui travaillent avec les enfants TDA, rapportent que ces derniers se distinguent des autres par leur constitution physique, qui les fait réagir différemment et appréhender les situations et le passage du temps différemment. Nous savons déjà cela des enfants indigo (dont l'ADN est différent du nôtre) qui ont également des réactions auxquelles nous ne sommes pas habitués. On trouve sans cesse des parallèles.

Un des plus gros problèmes de l'enfant indigo, qui peut être la cause de son inattention, est qu'il se compare aux autres enfants considérés comme « normaux ». Si les autres sont « normaux », l'enfant indigo en déduit qu'il est certainement « anormal ». Or l'enfant indigo aspire vraiment à être accepté comme « normal ». La pression à laquelle l'enfant se voit soumis est énorme. Depuis sa plus tendre enfance, sa différence le pousse aux limites de sa résistance. Lorsqu'il va ensuite à l'école, la pression se fait encore plus forte. La peur de l'échec ou le sentiment de ne pas être à sa place favorisent l'inattention et l'opposition. À cause de cela, un grand nombre d'enfants développent même des lacunes en orthographe et en lecture.

Dans le cadre d'une étude faite sur 80 enfants faibles en orthographe et en lecture, Thomas Burger et le Dr Max Kastenhuber de Linz, en Autriche, décrivent combien les enfants aiment apprendre par le biais de l'informatique : « ... *Les enfants préfèrent apprendre avec l'ordinateur plutôt qu'avec les autres outils pédagogiques. Ce ne sont plus les parents ou l'instituteur qui leur signalent si la réponse à l'exercice est juste ou fausse, mais une machine. Et avec cette machine, ils n'ont pas de relation personnelle qu'ils risquent de mettre en péril s'ils font trop d'erreurs. Ils supportent plus facilement la critique de l'ordinateur, pourvu que les programmes prévoient aussi des expériences de réussite. L'outil informatique est sécurisant car beaucoup d'éléments sont constants. L'écriture, les images et les couleurs offrent à l'enfant un cadre qu'il identifie vite et qui demeure inchangé. Les retours de l'ordinateur sont prévisibles : les erreurs sont signalées comme des erreurs et les bonnes réponses comme des bonnes réponses. Même après plusieurs propositions fausses, l'ordinateur émet une « bonne réponse » et non un « Ah, enfin ! » ou « Il était temps ». C'est très important pour les enfants indigo, car ils n'aiment pas, ni n'acceptent les jugements. Les enfants apprennent à résoudre des problèmes et, pour ce faire, à élaborer eux-mêmes des stratégies, à prendre du recul par rapport à la pression du résultat. Ils gagnent en motivation, travaillent plus longtemps et avec plus de plaisir, et ils sont fiers d'eux parce qu'ils peuvent montrer qu'ils sont capables de réussir. Si les parents remplissent sérieusement leur devoir en fixant des limites quant à l'utilisation de l'ordina-*

teur, les deux parties, parents comme enfants, en tirent un grand bénéfice. »

Nous pouvons vraiment aider l'enfant indigo si nous l'acceptons et lui expliquons qu'il est différent et possède d'autres qualités. Il est primordial que l'enfant puisse accepter sa différence et s'estimer lui-même. Il n'a alors plus besoin de dissimuler sa vraie personnalité dans l'espoir d'être reconnu comme « normal » et aimé de tous. Il peut commencer à exprimer ses talents.

Parlez avec votre enfant et demandez lui ce qu'il propose comme solution. Une discussion fondée sur l'acceptation et la reconnaissance peut permettre de développer des stratégies d'action et de pensée communes qui amusent l'enfant et le comblent. Félicitez souvent votre enfant et remplissez votre vrai rôle de parents. Un enfant a besoin de compliments et d'une structure familiale claire pour se sentir bien. Il est alors débarrassé d'un lourd fardeau et peut jouer, apprendre et grandir librement.

Résistance et fatigue

En ce qui concerne la résistance et la fatigue, il existe bien deux sortes d'enfants.

Les enfants du premier groupe sont souvent vite épuisés ou se plaignent à longueur de journée : ils sont trop fatigués pour se lever, s'habiller, avaler leur petit-déjeuner et aller à l'école. Ces enfants sont très passifs, souffrent d'un manque d'entrain et de contacts avec les autres. Comme ils fatiguent vite, ils courent souvent à l'échec scolaire. Le corps enseignant se méprend parfois sur ces enfants et les change de classe. L'enfant n'a alors plus du tout la possibilité d'exprimer ses capacités et, au lieu de disparaître, les problèmes se multiplient.

Les enfants du second groupe sont bien réveillés le matin, courent toute la sainte journée, à la maison comme à l'école, refusent de faire la sieste lorsqu'ils sont petits et, le soir, ils veulent se coucher tard et n'acceptent d'aller au lit que lorsqu'il ne reste plus personne pour veiller avec eux. Ils récupèrent et se relaxent n'importe où, même au bar ou au restaurant. Contrairement aux enfants du premier groupe, ils sont très actifs et aiment le contact, mais ils ont du mal à s'intégrer à l'école car leur « bougeotte » les fait passer pour des esprits agités.

La courbe de performance des enfants du premier groupe plonge souvent de façon alarmante après quelques minutes seulement. Leur performance fluctue énormément. Ils oublient en partie ce qu'ils viennent de lire, de dire ou de penser et ainsi, beaucoup d'informations leur échappent. Ils alternent les bons et les mauvais jours ou moments, ce qui est pénible pour tout le monde. Il pourrait être utile de déterminer à quel moment de la journée l'enfant est le plus résistant, pour le confronter à ce moment précis aux tâches qui lui restent à accomplir.

Il est consternant de voir avec quelle fréquence les médecins et les thérapeutes diagnostiquent des syndromes psycho-organiques, ou autres syndromes déficitaires, chez les enfants indigo. Si certains signes de trouble psycho-organique s'appliquent aux enfants indigo, d'autres, encore une fois, pas du tout. Que les choses soient bien claires : en réalité, très peu d'enfants indigo souffrent de troubles déficitaires.

La quantité de signes de déficience attribués aux enfants nouveaux est inimaginable. Mais sont-ils vraiment tous des cas psychiatriques ? N'est-ce pas plutôt chez nous que quelque chose cloche, ne tourne pas rond ? Pourquoi tant d'enfants, qui en réalité se trouvent être des enfants indigo, sont-ils traités comme des cas pathologiques ? Cela est peut être dû à notre manque d'expérience avec ces enfants, et à l'incompréhension qui en découle et que nous leur témoignons. Et c'est justement cette incompréhension qui oppresse et fatigue inévitablement ces enfants. Depuis qu'en 1980 et 1987 les désignations TDA et THDA ont été définies et reconnues comme syndromes au niveau mondial, ces troubles ont été imputés à des millions d'enfants en l'espace d'une seule décennie.

Voici quelques noms de syndromes déficitaires attribués aux enfants indigo :

- ADD – *Attention Deficit Disorder* (anglais) ;
- TDA – Trouble déficitaire de l'attention (traduction de l'anglais ADD) ;
- ADHD – *Attention Deficit Hyperactivity Disorder* (anglais) ;
- THDA – Trouble de l'hyperactivité avec déficit de l'attention (traduction de l'anglais ADHD) ;
- syndrome hyperkinétique.

Autres termes et appellations cités en rapport avec les troubles déficitaires ci-dessus :

- ambidextrie (fait de se servir de ses deux mains avec la même aisance) ;
- peur du nouveau, du changement, de la réadaptation ;
- « *Clumsy Child Syndrom* » (enfants maladroits) ;
- dyscalculie (problèmes dans l'apprentissage du calcul) ;
- dyslexie ;
- hyperactivité ;
- hypertonie (pression sanguine élevée) ;
- hypoactivité ;
- dysorthographie ;
- trouble de l'apprentissage ;
- hyperémotivité ;
- trouble du comportement, agressivité ;
- troubles divers de la perception.

Je n'ai fait ici que répertorier les appellations qui, selon moi, sont en rapport avec les enfants indigo. La liste des syndromes déficitaires est beaucoup plus longue. L'avenir nous dira combien de points de rencontre il existe entre les enfants indigo et les enfants atteints de syndromes psycho-organiques ou autres troubles déficitaires. Mais vu la quantité d'enfants concernés et la quantité de syndromes, une question nettement plus importante se pose : n'est-il pas temps pour nous de commencer à revoir notre conception des choses ? De nouveaux schémas de pensée, une nouvelle façon de voir seront indispensables à l'avenir afin de rendre justice à ces enfants.

Comportement social

Les enfants indigo n'ont pas le sens des limites sociales. On leur reconnaît souvent un manque de discrétion et une absence de complexe dans leur rapport avec les adultes qu'ils aiment bien rencontrer sur le même niveau. Lorsqu'ils se sentent compris notamment, ils sont très ouverts et confiants et ils adorent les discussions dynamiques, intenses et pleines d'esprit.

D'un côté, ils ont tendance à avoir des relations superficielles, de l'autre toutefois, ils se cramponnent à un seul ami ou à quelques rares camarades. D'une manière générale, ils détestent la superficialité, mais la plupart des autres enfants ne les intéressent pas. Ils ne sont pas sur la même longueur d'onde. Ils préfèrent avoir peu d'amis, mais des amis profonds. Lorsqu'ils sont tout petits, cela peut s'avérer bon qu'ils n'aient qu'un seul ami qu'ils aiment vraiment.

Très souvent, les enfants indigo ont un lien très fort avec les animaux domestiques qu'ils aiment de tout leur cœur. Les animaux sont intègres et sincères. Ces enfants le sentent et ont ainsi, avec eux, le sentiment de retourner au « pays » d'où ils viennent. Les animaux sont directs dans leur expression, ils montrent néanmoins clairement les limites à ne pas dépasser, et ils aiment inconditionnellement. Avec les animaux, les enfants indigo peuvent être eux-mêmes et n'ont plus besoin de faire semblant.

Les enfants indigo peuvent se montrer peu sûrs d'eux si le monde entier leur fait comprendre qu'ils ne sont pas comme les autres. Ce manque d'assurance peut entraîner agressivité, fuite, dépression et isolement. Souvent, l'enfant ne comprend pas notre monde et il lui arrive de penser qu'il s'est trompé de planète. Puisqu'il est venu sur Terre pour aimer sans limite les hommes, la Terre, la nature et les animaux, c'est plutôt un gros choc pour lui lorsqu'il arrive. Il lui faut alors trouver un moyen pour canaliser et exprimer son manque d'assurance. La pression extérieure que l'on exerce sur lui pour qu'il s'adapte à la société est forte, mais l'enfant ne se laisse pas contraindre à une chose à laquelle il ne croit pas. Même la pression sociale ne parvient pas à soumettre l'enfant indigo. Lorsqu'on l'oblige à se comporter autrement et à se conformer à la norme, il perd vite le contact avec son être intérieur et se décentre. Cela peut entraîner résistance acharnée et rébellion.

Étant donné que les enfants indigo sont persuadés qu'ils ont le droit d'agir selon leurs propres convictions, des difficultés surviennent lorsqu'ils sont contraints d'agir autrement. L'enfant indigo a sa propre conception du groupe et de l'amitié, et il est souvent perçu comme quelqu'un de sociable. En réalité, il a plutôt tendance à faire bande à part, parce qu'il est rarement compris et accepté des autres enfants et parce qu'il ne peut pas partager avec eux ses idéaux et idées spirituelles. Il s'isole au sein du groupe s'il sent qu'il n'est pas compris, ce qui n'est bon ni pour lui, ni pour le groupe. L'idéal serait que l'enfant indigo trouve des amis qui le comprennent et partagent ses idéaux.

Nombreuses sont les mères qui ne savent plus à quel saint se vouer pour que leur enfant se comporte « convenablement » en société. Lorsque au supermarché ou dans le métro, vous traînez un bambin qui hurle et que tout le monde vous lance des regards de reproche, le désespoir peut vite s'installer. Mais si les parents commencent à envisager la situation sous l'angle spirituel, ils reconnaissent alors leur enfant comme un « enfant nouveau » et comprennent tout l'enjeu spirituel. C'est alors comme s'ils regardaient à travers d'autres lunettes et voyaient tout différemment. Ils s'aperçoivent qu'au lieu de pleurer sur leur sort, ils n'ont souvent d'autre choix que de rire devant son caractère inhabituel ! La vie devient ainsi nettement plus facile pour les parents comme pour l'enfant.

Verena Trautwein, mère de deux enfants indigo, guérisseuse et thérapeute en radionique, raconte :

« *David a 7 ans et c'est un enfant très gentil et ouvert. Lorsque je le promenais en poussette, il avait l'habitude de lancer des* « *bonjour !* » *de l'autre côté de la rue et de saluer tout le monde chaleureusement. Il a un champ énergétique très vaste et* « *ressent* » *tous ceux avec lesquels il se trouve. Déjà en maternelle, c'était une vraie éponge. Souvent, il rentrait à la maison le midi et commençait par crier une bonne heure pour se libérer des nombreuses impressions du matin.*

Plus tard à l'école, il avait sans arrêt des problèmes avec ses camarades. Comme si de rien n'était, il passait près d'eux et leur touchait la main ou la pinçait. Pour lui, c'était une façon d'établir le contact auquel la plupart des autres enfants réagissaient négativement. Ils percevaient cela comme trop intime et le bousculaient, voire lui donnaient des coups. À la maison, il expliquait ensuite ce qui s'était passé, sans faire le rapprochement entre son comportement et les conséquences. Il lui arrivait aussi fréquemment de rester simplement debout dans la pièce à observer les autres enfants, ce qui dérangeait ces derniers. Certains lui couraient alors après, le battaient ou le plaquaient au sol. La plupart du temps, c'était pour s'amuser, mais cela devenait tout de même souvent sérieux et David était tout chamboulé.

Il avait un instituteur fort gentil et attentionné, et nous discutions souvent ensemble des moyens d'aider David à être davantage en contact avec son être et sa force intérieurs. Il ne connaissait aucune limite, encore moins les siennes. Nous essayions de lui expliquer la situation, mais à six ans l'enfant n'est pas réceptif aux arguments, il apprend en faisant. Ses difficultés nous ont permis à tous de beaucoup apprendre et il nous a semblé de plus en plus évident que nous devions changer nous aussi, si nous voulions l'aider. Je devais mettre en application, dans mon propre foyer, les méthodes d'évolution intérieure que j'avais assimilées au cours d'années de formation. Nous avons pris conscience que nous n'étions pas heureux lorsqu'il n'était pas heureux, et vice-versa. Nous avons donc commencé à essayer d'appliquer nos connaissances pour le bien-être de toute la famille. Nous ne cessions de découvrir de nouveaux aspects qui jusqu'ici nous avaient échappé.

Ça n'a pas été facile de prendre conscience que, par son comportement, David exprimait des besoins que nous n'avions jusqu'ici pas vus, ou pas voulu voir, parce qu'ils nous avaient échappé ou parce qu'ils dérangeaient notre quotidien. Déterminés à revoir notre fonctionnement familial autant qu'il le faudrait, nous avons commencé à modifier notre comportement envers David. Ses difficultés sont devenues pour nous une occasion de tester de nouvelles approches.

David n'avait par exemple aucune limite. Lorsque nous disions quelque chose, il ne réagissait pas. Cela nous a amenés à nous demander si, de notre côté, nous lui fixions bien correctement des limites. Nous nous sommes aperçus qu'il nous fallait redéfinir notre rapport aux limites, et que nous ignorions ce que sont au juste des limites pertinentes et bénéfiques. Avec le temps, nous avons appris, à force de tentatives et d'erreurs. David exigeait justement de nous un cadre clair, et si nous ne le lui donnions pas, il nous poussait à bout par son comportement, si bien qu'à chaque fois nous étions bien forcés de redéfinir nos propres limites ainsi que les siennes.

Périodiquement, la maison était plongée dans un chaos inimaginable dans lequel David jouait le rôle principal. Nous avons tenu bon. Nous nous sommes donnés du temps et nous sommes accrochés à notre résolution de restructurer la famille et d'offrir à chacun suffisamment d'espace et la possibilité de s'exprimer. Nous voulions pouvoir manger ensemble sans cris, nous voulions entreprendre de belles choses ensemble, nous voulions un beau et chaleureux foyer.

Nous, parents, avons dû apprendre à nous imposer et à redécouvrir nos propres besoins. Nous avons constaté que nous avions donné la priorité à nos enfants. Ces derniers ne voulaient toutefois pas accepter cette responsabilité, cette idée les accablait même. Petit à petit, nous avons repris notre rôle de parents, et dans le même temps, nos enfants ont commencé à redevenir des enfants. Lors d'une réunion de parents, j'ai fait la déclaration suivante, qui décrit bien mon cheminement : mes enfants sont plus heureux lorsque je suis heureuse et que je vais bien. Et je vais bien lorsqu'ils font ce que je dis.

Aujourd'hui nous bavardons pendant les repas. Cela fait plaisir de voir nos deux enfants apprécier comme il se doit notre accompagnement plein d'amour. Tous deux sont de grands individualistes et nous montrent clairement ce qu'ils veulent et ne veulent pas. Nous écoutons et leur expliquons ensuite, avec notre regard plus vaste de parents, ce qui va et ce qui ne va pas. Nous nous efforçons, dans la mesure du possible, de satisfaire leurs désirs, et ils le savent. Nous apprenons chaque jour de nouvelles attitudes harmonieuses, portées par un respect mutuel et par l'amour.

Il a fallu plusieurs mois de vigilance constante pour instaurer dans notre famille un nouveau climat et de nouveaux schémas comportementaux, mais nous y sommes parvenus. Cependant, David avait toujours des problèmes avec ses camarades. Il n'était pas bien ancré dans son corps et ne parvenait pas à trouver sa place dans la classe. J'ai fini par le traiter radioniquement et lui ai établi un hologramme mental. Il en est notamment ressorti que des sentiments d'impuissance s'étaient enregistrés dans son subconscient. Après quelques jours de traitement radionique seulement, il est rentré une fois de plus de l'école en se plaignant d'avoir été battu. À ma question : Pourquoi ? il a répondu : « Je crois que je les ai embêtés ». Cette autoanalyse était nouvelle. Jusqu'ici, il avait toujours répondu : « Je ne sais pas, je n'ai rien fait. » Quelques jours plus tard, il est rentré à la maison en disant : « Aujourd'hui, ils ne m'ont pas battu. Car je ne les ai pas embêtés ». À partir de ce jour, il avait compris quelque chose qu'aucun d'entre nous n'avait jusqu'ici réussi à lui faire comprendre de l'extérieur.

Depuis, il sent chaque jour un peu plus intensément son corps, a des amis, exprime ses besoins, est ouvert. Et maintenant, c'est un petit garçon qui essaie à chaque fois de définir ses limites par rapport aux nôtres et qui est heureux lorsque nous les lui fixons. Son champ énergétique global s'est élevé en vibration et nous sommes contents de cette méthode thérapeutique douce qui le renforce de l'intérieur et l'aide ainsi à exprimer chaque jour toujours plus sa nature puissante et pleine d'énergie. »

Hyperactivité et agitation motrice

Que signifie le terme « hyperactivité » au juste ? Pourquoi revient-il aussi souvent à la bouche de tout le monde depuis quelques années ? Pourquoi tant d'enfants de par le monde se voient attribuer le diagnostic « hyperactifs ? » J'aimerais examiner la question de l'hyperactivité sous différents angles et montrer comment nous pouvons prendre nos enfants au sérieux et apprendre à les comprendre.

Généralement, l'hyperactivité est appelée ADHD en anglais (*Attention Deficit Hyperactivity Disorder*), ce qui signifie trouble de l'hyperactivité avec déficit de l'attention (THDA). Le terme d'hyperactivité désigne un surcroît d'activité. On lui donne également le nom d'agitation motrice. Moins connu, mais toutefois répandu, il existe aussi le THDA passif. Ici, le « H » ne désigne plus l'hyperactivité mais l'hypoactivité, ce qui en gros correspond au contraire, à savoir une sous-activité ou asthénie motrice.

Actuellement, ces pathologies font beaucoup parler et couler beaucoup d'encre, car on pense qu'il existe une quantité alarmante d'enfants hyperactifs. Cela donne à nouveau à réfléchir car, plus le nombre d'enfants concernés est élevé, moins il est probable qu'il s'agisse véritablement d'une anomalie psychologique. Le problème est que nous ne disposons pas d'une définition type de ce trouble. Chaque enfant concerné présente une hyperactivité unique, bien à lui. Les caractéristiques sont similaires, mais l'empreinte est différente chez chacun. Le nombre d'enfants identifiés comme « hyperactifs » a considérablement augmenté ces dernières années, et parmi eux, beaucoup semblent être des enfants indigo.

L'enfant hyperactif type est toujours en mouvement. Il s'agite dans tous les sens en remuant pieds et mains, présente une activité musculaire exagérée et est incapable de rester tranquillement assis. Intarissable, il a toujours quelque chose à raconter. Il quitte souvent sa place, que ce soit en classe, à table ou dans d'autres situations. Il court, saute et crapahute partout. Il a du mal à rester en place ne serait-ce qu'une seconde. Il semble toujours courir après quelque chose, il est « survolté », rempli d'un excès d'énergie difficilement contrôlable. En face de stimuli moteurs et sensoriels, les inhibitions motrices habituelles lui font défaut.

L'enfant hyperactif répond avant que la question soit terminée et répand ainsi stress et irritation autour de lui. Il déploie une telle quantité d'énergie que le simple fait de le regarder épuise tout le monde. Il est souvent affolé, mal dans sa peau, agité, instable et incapable d'apprécier quoi que ce soit. À cela s'ajoute souvent que l'enfant indigo n'a pas vraiment conscience de son corps et qu'il a donc des difficultés avec son corps physique. Les fonctions musculaires d'attitude statique s'épuisent vite et obligent l'enfant à sans cesse adopter de nouvelles attitudes et postures corporelles. Lorsqu'il est contraint de rester assis sans bouger, il plonge dans un stress supplémentaire et devient nerveux.

L'enfant a néanmoins de nombreuses qualités. Il est généralement très gentil, ouvert, recherche le contact, aime discuter, il est ingénieux, intuitif et extrêmement intelligent, souvent tolérant et généreux. Mais ces bons côtés ne transparaissent que de très courts instants, tandis que l'errance agitée du corps et des pensées l'emporte largement.

Comment peut-on supporter cela pendant des heures ? Et il ne s'agit pas seulement de supporter, mais également d'élever l'enfant. Une tâche quasiment impossible, surtout lorsqu'on a plusieurs enfants à élever ! Les parents sont dans une situation vraiment difficile, surtout la mère qui, des deux, passe le plus de temps avec l'enfant. De plus, ils ignorent souvent l'origine du problème, ce qui plonge la mère dans l'incertitude. Celle-ci commence à éprouver un profond sentiment de culpabilité que l'incompréhension de son entourage vient renforcer. Avant tout, il est important qu'elle sache qu'elle n'est pas responsable. Mais la mère est bien sûr celle qui porte l'enfant (qui est souvent très agité dès la grossesse), qui l'accompagne tout au long de l'enfance… aussi est-elle la plus touchée par le problème.

Dans un rapport adressé à une association parentale pour le soutien des enfants hyperactifs, Edith Klasen, docteur en philosophie et psychologue spécialisée en psychologie clinique à Munich en Allemagne, décrit comme suit la situation de la mère et de la famille de l'enfant hyperactif :

« Non seulement les mères sont plongées dans une profonde confusion à cause de diagnostics psychanalytiques erronés, mais ce sont également elles qui, dès le départ, souffrent le plus. Elles portent l'enfant, qui est souvent déjà très agité dans le ventre de sa mère, qui, nourrisson, a déjà des problèmes pour se tenir tranquille, dormir et manger. Ce sont elles qui doivent gérer le fait qu'il pleurniche et crie sans arrêt, tape sa tête contre son parc, refuse qu'on lui prenne la

main et le câline, et ne cesse de tourmenter et de brusquer sa mère à longueur de temps ! Au début, les deux parents essaient généralement de guider et de protéger l'enfant dont les mauvaises habitudes s'accentuent lorsqu'il commence à marcher. Très vite, ils se rendent compte que le petit réussit malgré tout à passer par-dessus les barreaux de son lit, à mettre tout sens dessus dessous, à se sauver par la fenêtre ou la porte, à ignorer le danger et à se rendre jusque sur la route, alors qu'il marche encore à quatre pattes. Dès lors, cela éveille l'attention des voisins, de la dame de la crèche, de la famille et des connaissances. Ils signalent presque tous sans exception : « Vous ne savez pas l'élever, vous ne faites pas attention, vous n'avez aucune autorité ; si mon enfant se comportait ainsi ! » Une véritable pluie de reproches et de culpabilisations qui sont autant d'atteintes à l'amour-propre parental. Les parents sont désarmés. Toutes les punitions et les récompenses qu'ils ont essayées n'ont servi à rien. Lorsque l'enfant va ensuite à l'école, l'agressivité vient s'ajouter à son comportement effréné. Il refuse toute autorité et s'insurge contre les ordres et interdictions. Il cherche à remodeler complètement les règles du jeu de son environnement familier pour les tourner à son avantage. Il est insupportable à table, ne cesse de ronchonner en voiture, casse tout et frappe les autres enfants. En réalité, ce qui semble être de l'agressivité hostile, est peut-être simplement de la surexcitation, de l'impulsivité et de la détresse. Le fait est que l'enfant scandalise tout le monde partout où il va, et surtout à l'école bien sûr. Les parents reçoivent des plaintes et des avertissements de l'école. Toutes les tentatives des parents échouent. Ceux-ci commencent alors à se jeter mutuellement la pierre. L'un est trop souple, l'autre trop sévère. Le père donne des interdictions de sortie, mais n'est jamais à la maison lorsqu'il s'agit de les faire respecter, et la mère se plaint de devoir tout assumer. On aboutit alors souvent à une situation dans laquelle l'enfant reçoit des messages contradictoires de la part des parents, comme : va au lit immédiatement / tu peux continuer à regarder la télé. Quelle que soit la réaction de l'enfant, elle est toujours injuste pour l'un des deux parents, alors qu'il est censé aimer et obéir aux deux ! La plupart du temps, ces messages sans issue sont beaucoup plus subtils que dans cet exemple. Ils ont pour effet d'augmenter la contrariété. Les frères et sœurs ne comprennent pas l'enfant hyperactif. Ils le détestent parce qu'il est importun, les dérange toujours lorsqu'ils jouent, n'écoute pas les parents, ne range jamais, ne finit jamais rien, et parce que, de toute évidence, il n'a pas de pédale de frein, mais uniquement d'accélération ! L'enfant est tenu à l'écart par ses frères et sœurs, ses camarades de jeu et de classe. Les parents s'isolent et sont fuis par les adultes qui rejettent aussi leur enfant et désapprouvent ce « défaut d'éducation » de la part des parents. On évite de les fréquenter. Bannissement et isolement de l'extérieur, discorde au sein de la famille, perplexité et désespoir complet sont autant de fardeaux qui conduisent fréquemment au divorce, à l'éclatement de la famille, et malheureusement souvent aussi à la maltraitance d'enfant. »

L'hyperactivité semble presque toujours associée au syndrome déficitaire de l'attention, et elle est classée comme trouble mental par la majorité des thérapeutes, psychologues et médecins. On trouve également souvent le THDA associé à d'autres troubles tels que le syndrome de Tourette[1], le

1. Affection neuropsychiatrique caractérisée par des tics aussi bien moteurs (convulsions musculaires) que vocaux (répétition de mots, de syllabes, gloussements). Les tics correspondent à des mouvements involontaires saccadés, rapides, généralement soudains, et parfois très brusques, qui se répètent à l'identique et surviennent de manière isolée ou en série.

saturnisme, la dysorthographie et l'arriération mentale. En outre, beaucoup présentent des troubles supplémentaires comme la dépression nerveuse ou maniaque, des angoisses, des troubles de la personnalité, ou autres symptômes similaires, et rendent ainsi plus difficile l'établissement d'un portrait clinique type de l'enfant hyperactif.

D'une manière générale, on admet que les enfants THDA présentent des particularités génétiques qui devront faire l'objet de recherches plus approfondies à l'avenir. La question suivante se pose néanmoins : les désignations TDA et THDA ne sont-elles pas des tentatives désespérées de ranger les « déviations » comportementales des enfants dans des cases, simplement pour pouvoir gérer la situation ? N'est-il pas plus probable qu'une restructuration génético-biologique ait actuellement lieu au sein de la nouvelle génération, et que, ne l'ayant pas encore comprise, nous ne soyons pas encore en mesure de réagir ?

Selon Alan Zametkin, du National Institute of Mental Health aux États-Unis, l'origine biologique du THDA commence à émerger : « *Nous ne pouvons pas dire exactement quelle structure ou quelle substance chimique est ici déformée. Le THDA est comme la fièvre : il peut avoir beaucoup de causes* ». Au cours de ses recherches, A. Zametkin a constaté que 70 à 80 % des personnes atteintes du THDA ont un récepteur inhabituel pour l'hormone thyroïdienne[1].

---

1. Plusieurs scientifiques ont prouvé qu'il existe des différences intéressantes entre les individus avec et les individus sans THDA. Des articles sur différents travaux de recherche ont notamment été publiés dans la revue *Scientific American*.

L'association « Juvemus », qui soutient les enfants et les adultes ayant des problèmes de performance, écrit : « *Dans l'état actuel de la science, le THDA est un trouble congénital du métabolisme cérébral. Les substances appelées neurotransmetteurs sont soit produites en trop faible quantité, soit trop vite dégradées.* »

Des études réalisées à l'Université de Toronto ont constaté un lien entre le THDA et les trois gènes qui codent les récepteurs du neurotransmetteur Dopamine. D'autres recherches ont mis en évidence des différences de structure cérébrale et de taille de certaines parties du cerveau chez les enfants atteints du THDA.

On a également trouvé un lien entre les divers troubles déficitaires et l'allergie au gluten* ou aux mets sucrés. Mais toutes ces recherches sont balbutiantes et il faudra encore patienter avant d'obtenir des preuves concrètes. Si l'on découvrait que les enfants hyperactifs sont différents physiologiquement, ce pourrait être un signe que les nouveaux enfants sont « plus évolués » que nous, leurs « précurseurs ».

En attendant, il a été prouvé que de nombreux enfants indigo ont un foie différent du nôtre. Si la science n'a pas encore pu déterminer exactement quelle modification s'est produite dans l'ADN de ces enfants, il est néanmoins clair qu'une modification a eu lieu. Bien entendu, ce nouveau foie est, entre autres, une réponse à la nourriture que nous ingérons, une réaction à la nourriture de type « fast food », afin de pouvoir l'assimiler sans nuire à notre santé (voir chapitre 4 « La santé indigo »)

À bout de forces et ne sachant plus quoi faire pour sortir leur enfant de la situation dans laquelle il s'est empêtré notamment à l'école, les parents se décident souvent, en accord avec leur médecin, à administrer à l'enfant des médicaments spécifiques. Ces derniers stimulent la concentration lorsqu'elle fléchit, et sont avant tout censés aider l'enfant à vivre plus en accord et en harmonie avec son environnement. Le fardeau de l'enfant est ainsi allégé.

Un des médicaments, ou psychotropes, généralement prescrits aux enfants en cas de TDA et THDA est la Ritaline. Voici quelques noms de médicaments également prescrits : Dexetrine, Prozac. Ces médicaments sont assez complexes et la plupart présentent de lourds effets secondaires. Les avis sur la Ritaline, et les autres médicaments du même type, divergent. Il existe un mouvement pro-Ritaline et un mouvement anti-Ritaline. Certains thérapeutes, médecins, psychologues, parents et enseignants jugent ce médicament dangereux, tandis que d'autres pensent que c'est la meilleure chance de guérison qui soit offerte à l'enfant (voir chapitre 4).

Il serait bon de tirer les choses au clair si nous voulons avancer et trouver une solution ! En premier lieu, il s'agit naturellement d'aider l'enfant indigo. Sans le soutien de ses parents, l'enfant ne changera pas. Il a besoin d'être aidé pour pouvoir comprendre, accepter et modifier son comportement.

Un enfant hyperactif est un enfant qui a tendance à bouger, aime le mouvement et en a besoin. Nous éliminons notre stress principalement par le mouvement. En restant assis sans bouger, le corps se recharge dans l'immobilité. Cette recharge nous pousse néanmoins à bouger de nouveau. Pendant le sommeil, cela se produit automatiquement. Notre corps se retourne dans le lit sans que nous nous réveillions et il se décharge ainsi. Le petit enfant, à qui l'on dit de rester assis, voudrait bien obéir à sa mère, mais ne sait pas comment surmonter cette situation de stress. Il veut que sa mère l'aime et l'accepte, et a peur de perdre son amour. L'enfant se trouve alors dans une impasse terrible et, pour éviter que son corps ne se charge de trop dans cette position statique, il commence à exécuter de petits mouvements, notamment à balancer la jambe, à tapoter sur la table avec un stylo, etc. C'est comme une petite soupape de sécurité qui lui permet de lâcher un peu de vapeur. Ces petits mouvements permettent à l'enfant de se retenir de se lever. Nous autres adultes avons appris à nous tenir tranquilles lorsque la situation l'exige. Un enfant qui gesticule sans arrêt constitue un stress supplémentaire pour notre personne éduquée.

Pour rester en bonne santé, le stress doit être évacué par le mouvement. Si l'enfant va à l'encontre de sa nature et de ses besoins et se retient de bouger, le stress s'accumule en lui. Par de petits mouvements, il tente de se détendre, et semble ainsi distrait et inattentif. De l'extérieur, on le dirait incapable de se tenir tranquille, il donne l'impression d'être nerveux. Très souvent, l'enfant se retourne alors durant le sommeil, gesticule sans cesse afin d'évacuer cette tension dans son corps. Cependant, ce déchargement nocturne ne suffit pas et le jour suivant apporte du stress supplémentaire. Il réagit en essayant de fuir les situations stressantes. Son comportement commence à intriguer et les parents sont alors généralement avertis que quelque chose ne tourne pas rond chez lui.

L'enfant doit avoir conscience de sa différence et savoir que beaucoup d'autres partagent ses difficultés, et qu'au fond il est « parfaitement normal ». Il a besoin de se sentir accepté et d'être sûr que les autres n'attribuent pas son manque de concentration à la fainéantise ou à la bêtise, mais bien à sa différence. Alors seulement, il peut commencer à se sentir normal lui-même. Il a un besoin impérieux de sentir que tout va bien chez lui, mais nous devons aussi lui expliquer sa différence. Un des problèmes fondamentaux est que l'enfant indigo est toujours contraint de s'adapter à la vision de ses camarades « normaux » qui le considèrent comme anormal, alors que lui-même se sent normal. Supposons que les enfants indigo fonctionnent vraiment différemment, possèdent un ADN évolué avec des capacités nouvelles que nous ne connaissons pas encore bien. Il est alors facile d'imaginer qu'un grand nombre d'enfants indigo se voient à tort catalogués comme malades, distraits, hyper– ou hypoactifs.

Sur la demande des écoles, la plupart des enfants hyperactifs sont soumis à un examen médical et, en règle générale, aucune lésion cérébrale, ni rien de semblable, n'est décelée. Souvent, on leur découvre même un QI très élevé malgré leurs mauvais résultats scolaires. Sommes-nous réellement en face d'une grande transformation évolutive ? Et connaîtrons-nous, dans un proche avenir, le détail de cette évolution ?

Caractéristiques des enfants hyperactifs

- Ils sont toujours en mouvement, ne savent pas rester assis, ni se tenir tranquilles. Ils trépignent, tripotent sans cesse quelque objet, et quittent constamment leur place pour aller courir à droite, à gauche.
- Ils présentent un défaut d'attention et de concentration frappant et sont incapables de s'atteler à quoi que ce soit.
- Ils n'ont aucune inhibition motrice ou sensorielle, mais le système normal de régulation leur fait défaut. Ils cèdent

à toutes les incitations motrices au mouvement, répondent à tous les stimuli sensoriels (par exemple, un avion qui passe ou une lampe qu'on allume).

- Ils réagissent spontanément, sans réfléchir ni prendre de recul.
- Ils répandent nervosité et irritation autour d'eux, gênent les autres et ne les laissent pas s'exprimer.
- Ils ne peuvent pas s'empêcher de parler, ils sont intarissables.
- Ils sautent souvent d'une tâche à l'autre sans jamais rien terminer.

Autres particularités :

- gestes maladroits, attitude empotée ;
- absence de lien avec la réalité ;
- manque d'estime personnelle ;
- découragement allant parfois jusqu'à la dépression ;
- tendance à facilement piquer des crises de nerfs ;
- immense besoin de l'attention de leurs parents et enseignants ;
- leurs résultats ne reflètent souvent pas leur intelligence ;
- ils se lancent souvent dans des activités physiquement dangereuses sans se soucier des conséquences possibles.

Caractéristiques des enfants hypoactifs :

- leurs mouvements sont lents ou inhibés ;
- ils sont très passifs, ne sont pas entreprenants mais réservés et timides ;
- ils souffrent d'un manque d'entrain et de contacts ;

– ils sont souvent trop fatigués pour entreprendre quoi que ce soit.

Nous vivons à une époque où les informations circulent à une vitesse vertigineuse. Les médias, Internet et les télécommunications véhiculent un gigantesque flot d'informations. Cela fait qu'à l'avenir, nous aurons toujours plus de mal à penser de façon linéaire. Nous sommes contraints de penser de façon plus globale (et non linéaire), « en réseau ». Il est probable que dès la naissance, les enfants nouveaux soient naturellement ouverts à ces nouvelles formes de transmission de l'information et que notre société actuelle les accable. Ils pensent davantage en images et sont familiarisés avec les formes de pensée non linéaires. Car, là où notre cerveau ne parvient pas encore à suivre, ils possèdent peut-être déjà des « réseaux » de liaisons nerveuses cérébrales. L'avenir nous dira s'ils représentent le prochain saut quantique évolutif.

Peur et hardiesse

Dans un contexte social et familial idéal, les enfants nouveaux peuvent œuvrer sans crainte et ouvertement pour la justice, contre l'hypocrisie et la fausseté. Ce, à condition qu'ils soient équilibrés intérieurement et bien en contact avec leur esprit et leur ressenti, qu'ils n'aient pas de problème d'estime personnelle et soient acceptés et reconnus dans la vie.

L'enfant indigo qui n'est pas centré, reconnu et accepté, et manque par conséquent de confiance en lui, est souvent angoissé. Il peut avoir peur de tout, se faire sans cesse du souci pour quelque chose, et avoir même de vraies phobies. Si l'enfant ne peut pas orienter sa vie en accord avec les principes supérieurs qui sont les siens, il risque de sombrer dans la dépression et l'autodestruction. Ses sens sont si affinés qu'il est facilement surexcité et accablé.

Les grandes exigences que l'enfant indigo a envers lui-même et les autres posent un problème supplémentaire. Lorsqu'elles ne sont pas satisfaites, son manque d'amour-propre s'aggrave. Ses hauts idéaux font qu'il a du mal à réaliser des choses qui ne lui conviennent pas ou auxquelles il ne croit pas. Toute tentative pour le faire changer d'avis, en cherchant notamment à le raisonner, échoue. L'enfant s'oppose violemment. Le manque d'assurance qui en découle peut conduire à des angoisses permanentes et chroniques.

En dehors des angoisses relatives à leur manque d'amour propre, les enfants indigo ont très peu de peurs les concernant. En général, ils s'inquiètent plutôt pour les autres. Ils ont une tendance naturelle à se soucier de la nature, de la justice, des animaux, de la mère Terre, des plantes. Ils ne supportent pas de voir d'autres êtres vivants souffrir et essaient de l'empêcher.

Il arrive que l'enfant indigo soit constamment ridiculisé, voire battu par ses camarades de classe, parce qu'il s'inquiète pour les arbres ou les plantes. S'il surprend des enfants à maltraiter un arbre juste pour s'amuser, il tente alors de protéger l'arbre, qu'il considère comme un être vivant, et de dire quelque chose pour sa défense. Il court ainsi le risque d'être raillé ou battu. Lorsqu'ils sont centrés et conscients de leur mission, ces enfants sont très confiants et capables d'introduire un profond bouleversement dans la façon de penser de notre monde.

Frustration et agressivité

Les problèmes peuvent survenir dès la maternelle, lorsque l'enfant doit se plier à un emploi du temps bien réglé, s'intégrer dans un groupe et se confronter à d'autres. De nos jours, toutefois, la plupart des écoles proposent des groupes très ouverts et flexibles tenant compte des besoins individuels des enfants.

La sensibilité des enfants indigo, ainsi que leur sensibilité inhabituelle au bruit, peuvent rendre difficile leur intégration harmonieuse au groupe. L'enfant se met en retrait ou est frustré. Il s'ensuit des réactions agressives incontrôlées qui indiquent qu'il ne se sent pas accepté ou qu'il réclame davantage d'attention et de compréhension. Il ne s'habitue pas facilement aux interdictions, ordres ou déceptions. De là découlent des accès de colère (mécanisme frustration-agression) ou une humeur dépressive.

Souvent, l'enfant qui à la maison, dans son environnement familier, avait l'habitude de se montrer ingénieux et expressif, refuse de peindre ou de bricoler une fois en maternelle. Les directives figées tuent à la longue sa créativité. Le besoin de libre expression créatrice de l'enfant indigo est très grand et se laisse difficilement enfermer dans des heures de théâtre, de dessin ou de jeu planifiées et limitées dans le temps. Ainsi, ses capacités intellectuelles passent parfois inaperçues ou ne sont pas prises en compte. Il peut se sentir « nul » en dessin ou en bricolage, parce qu'il est lent et peut-être maladroit, surtout si sa créativité naturelle n'est pas encouragée.

Lorsque l'enfant indigo n'est pas respecté dans son individualité, il peut devenir insupportable. La résistance nerveuse des parents est quotidiennement mise à l'épreuve et ceux-ci ne remporteront la partie que s'ils lui témoignent du respect. Cela exige de la part des parents et éducateurs qu'ils se rappellent tout d'abord leur propre vérité intérieure, pour ensuite aborder l'enfant depuis ce nouveau point de vue. S'ils y parviennent, ils verront vite leurs relations avec lui s'améliorer.

En l'état actuel, les structures sociales et pédagogiques ne répondent pas aux besoins des nouveaux enfants. Ces derniers ne peuvent pas tolérer ce que l'humanité a négligé et laissé faire toutes ces années. Ils haïssent l'autorité lorsqu'elle n'est pas démocratique. Leur façon d'apprendre est complètement différente de la nôtre, ils emploient la totalité de leur cerveau et trouvent les solutions aux exercices sans passer par toutes les étapes intermédiaires. Les réponses leur viennent spontanément et ils savent qu'elles sont justes. Le long cheminement que nous suivons pour trouver un résultat leur est étranger.

Les enfants essaient d'attirer notre attention et de nous expliquer tout cela de multiples manières. Comme ils ne savent souvent pas comment se faire comprendre, ils se réfugient notamment dans l'agressivité. Celle-ci a au moins le mérite d'obliger les adultes à s'arrêter un instant pour réfléchir à ce qui ne va pas. Dans une certaine mesure, la colère et l'agressivité sont un moyen pour ces enfants d'exprimer l'impuissance qu'ils ressentent lorsqu'ils n'arrivent pas à communiquer avec nous. Cette agressivité est un cri de détresse que nous ne devons pas négliger.

Ces dernières années, plusieurs actes de violence graves ont été commis dans des écoles, en Europe comme aux États-Unis. Dans un premier temps, les enfants indigo essaient toujours d'attirer l'attention de manière pacifique, mais s'ils voient que cela ne fonctionne pas, ils recourent à d'autres moyens. Étant donné leur faible implication émotionnelle dans les situations, il peut leur venir des idées radicales insoupçonnables. Il est donc du devoir des parents et du corps enseignant de mieux les écouter, avant qu'ils ne recourent à des moyens plus violents.

Les enfants indigo sont très exigeants envers eux-mêmes et les autres. Leurs idéaux sont élevés et ils sont parfois désemparés de les voir constamment bafoués. Lorsqu'ils sont dégoûtés, déçus d'eux-mêmes et du monde, ils risquent de sombrer dans l'agressivité et la dépression. Le fait qu'ils aient de grandes idées, mais qu'ils ne disposent ni des moyens ni des personnes pour qu'elles deviennent réalité, peut faire naître en eux une grande frustration.

Émotions et sentiments

Émotion signifie littéralement « énergie en mouvement » (anglais : *energy in motion*). Le mot vient du latin *movere*, en français « se mouvoir ». Alors qu'un sentiment est l'expérience consciente d'une sensation, nous expérimentons, dans l'émotion, un puissant mouvement intérieur. Une émotion est l'expérience d'une énergie qui se met à bouger dans notre corps et produit des réactions aussi bien psychiques que physiques. En soi, l'énergie émotionnelle est neutre. Ce n'est que la sensation de son mouvement et la réaction physique qui font que cette émotion sera négative ou positive, et ce n'est que l'idée que nous en avons qui lui donne un sens.

Les émotions servent de support à l'éventail des sentiments. Lorsque le cœur est dans un état d'ouverture et d'harmonie, l'individu éprouve facilement des sentiments tels que l'amour, l'attention, la générosité et l'acceptation. La confusion, la colère, la vexation et la jalousie apparaissent lorsque la tête et le cœur ne sont pas en phase. L'enfant indigo est très sensible et discerne l'amour grâce à l'ouverture et à la noblesse de son cœur. Les visions étroites et les croyances dépassées lui font parfois perdre confiance dans l'intelligence de son cœur. Il se met alors à fonctionner en priorité avec le mental et devient frustré, coléreux, susceptible et envieux, etc. Les émotions laissent des empreintes dans les cellules cérébrales et la mémoire, où elles revêtent des formes qui influencent le comportement.

Les émotions offrent la possibilité d'exprimer les sentiments du cœur. Si le cœur n'est pas ouvert ni développé, la raison prend le dessus. Des études récentes montrent que notre biochimie influence les réactions émotionnelles, et, inversement, que les émotions influencent notre biochimie. Pour introduire des modifications émotionnelles positives, il est crucial que les enfants conservent un cœur ouvert et qu'ils restent libres d'agir et de vivre selon lui. Les enfants nouveaux sont encore capables de sentir l'intelligence du cœur et d'agir en fonction d'elle.

Il est très important que vous parliez de ce que vous ressentez avec vos enfants, et que vous les encouragiez à en faire de même. Assurez-les qu'il est parfaitement normal d'être triste, en colère, fâché ou perdu. Nous éprouvons tous à un moment ou un autre ces sentiments, personne n'est toujours satisfait et heureux. Les émotions sont là pour nous signaler une disharmonie en nous et nous montrent ce que nous devons alors faire. Votre enfant peut vous comprendre bien mieux que vous ne l'imaginez. Il apprend aussi à exprimer ses sentiments, ce qui, entre autres, permet d'éviter les malentendus dans les situations conflictuelles. Si l'enfant est hors de lui et vous hurle dessus, acceptez son comportement et, au lieu de réagir agressivement, dites-lui : « Il est important pour moi de savoir ce que tu ressens. Je n'arrive pas bien à te comprendre si tu me parles sur ce ton. Tu peux peut-être me dire autrement ce qui t'arrive et ce qui te met tellement en colère ».

Il est plus que nécessaire de chercher à comprendre les besoins de l'enfant, et l'écoute est l'un des moyens les plus efficaces qui soient. Si vous vous montrez ouverts et sensibles, et montrez que vous êtes loin d'être parfaits, l'enfant pourra s'ouvrir et communiquer. Il peut alors vous aimer inconditionnellement et apprendre à maintenir son cœur ouvert. Il n'a alors plus de raisons de le fermer à double tour. S'il se sait aimé et compris, il lui arrivera souvent de dire : « Tu es comme ça, mais je t'aime quand même ».

Lorsque vous écoutez votre enfant vous parler, il est très important que vous soyez bien présent. Oubliez vos obligations de la journée, faites taire vos pensées récurrentes et écoutez tout simplement. Une bonne écoute sera votre atout. Si votre enfant a du mal à parler de ses sentiments et émotions, prévoyez une sortie pendant laquelle vous serez au minimum deux heures seul(e) avec lui. Définissez, pour cette sortie, des règles simples et claires, par exemple : pas de musique forte, pas de jeux, pas de walkman, et attendez. Ne dites rien et attendez. Aussi longtemps que nécessaire. L'enfant finira par s'ennuyer et par parler. Laissez-le parler. N'émettez ni jugement, ni conseil, gardez votre opinion pour vous. Écoutez simplement, et… laissez-vous surprendre !

La notion du temps

Celui qui médite sait combien il est facile de quitter le temps et l'espace. Le temps est alors perçu différemment et prend un tout autre sens. Une demi-heure de méditation peut sembler très courte à l'un, tandis qu'un autre aura l'impression que trois heures se sont écoulées. Autrement dit, le temps est relatif et difficile à définir. Pour celui qui attend chez le médecin ou à l'hôpital, le temps est horriblement long, alors que pour celui qui est à une soirée, il est parfois trop court.

Le temps est une mesure établie avec laquelle nous sommes tous forcés de vivre. Il règle notre vie, la découpe et lui donne un rythme déterminé. Nous sommes prisonniers de ce monde régi par le temps et trouvons peu de temps pour « être ». Être tels que nous sommes, sans la pression du temps, sans programme ni obligation. Mais lorsqu'un être s'éveille spirituellement, sa fréquence vibratoire devient plus subtile, plus élevée, et son rapport au temps change automatiquement. On pourrait dire que : la plupart des hommes sont gouvernés par le temps, ils se précipitent, courent tout au long de leur vie et sont constamment en retard ou stressés. En revanche, celui qui s'est éveillé spirituellement régit le temps. En d'autres termes, il devient « maître de son propre temps », parce qu'il est tout simplement en phase avec lui.

Pour les enfants indigo, le temps n'est pas si important. Ils sont occupés avec des concepts spirituels surdimensionnels, et savent qu'il existe bien plus que ce que nous voyons. Ils voyagent à travers le temps, dans le passé et le futur. Au-delà de la sphère terrestre et de l'atmosphère, le temps n'existe pas, tout est « un » et simultané. Les théories mystiques anciennes disent que nous faisons aussi l'expérience de tout simultanément, mais que le facteur temps a été introduit sur la Terre afin que nous puissions voir en arrière et devant nous. C'est pourquoi nous avons le passé, le présent et l'avenir. L'enfant nouveau ne voit pas de frontière entre hier et aujourd'hui, il vit souvent des moments où il perçoit plusieurs vies et dimensions spirituelles à la fois, et ne trouve pas cela extraordinaire. Simultanément il se sent dans la dimension matérielle et la dimension spirituelle, et essaie de relier les deux plans. Il est souvent capable de voir ce qui s'est produit dans le passé et se produira dans le futur. Pour lui, le temps a un tout autre sens que pour nous. Mais il doit bien sûr apprendre à vivre dans notre monde, avec notre découpage chronologique. Intérieurement, il lui est néanmoins extrêmement difficile de s'habituer à un emploi du temps fixe, de s'y conformer et de comprendre notre approche du temps.

Votre enfant se fera d'autant mieux à notre notion du temps, si vous essayez de lui expliquer ce qu'est le temps, pourquoi nous en avons besoin dans notre monde matériel et comment il permet aux hommes de se rencontrer, de se donner rendez-vous, de faire des choses en même temps, et d'organiser la vie quotidienne.

Ce pourrait être une bonne idée de réserver à votre enfant une journée « hors du temps », le dimanche par exemple, un jour sans programme au cours duquel il pourra faire ce qu'il veut.

Caractéristiques des enfants « intemporels »

- Ils ne font pas attention au temps, arrivent en retard ou en avance, ou à la mauvaise heure.
- Ils ont des problèmes avec le découpage chronologique, l'ordre des jours, des mois, des lettres de l'alphabet, ainsi qu'avec les tables de calcul.
- Ils croient souvent n'avoir joué que dix minutes lorsque, au bout d'une bonne heure de jeu vidéo, vous leur demandez d'éteindre l'ordinateur.
- Pour eux le temps est élastique, on peut le dilater et l'étirer dans tous les sens.
- Ils peuvent être très distraits et ne plus du tout savoir quel jour nous sommes, ni à quel moment de la journée.
- Certaines choses ne vont pas assez vite pour eux et ils ne comprennent pas que les autres ne puissent pas être plus rapides.
- Ils vivent tout de façon si intense que le temps semble s'effacer complètement.

- Ils ne réussissent souvent pas à finir les choses à temps, à les planifier, les organiser, ils courent sans cesse après leurs affaires, les cherchent, les oublient à nouveau.
- Ils sont souvent pressés car ils ne parviennent pas, ni ne veulent respecter l'emploi du temps de la journée.
- Ils prennent souvent plusieurs rendez-vous pour la même journée.
- Ils rêvassent et oublient ainsi le temps.

En fait, il est parfaitement naturel de vivre sans découper le temps en heures, minutes et secondes, comme nous le faisons avec nos montres. L'homme est le seul être sur la planète à vivre avec cette division en 24 heures, et il ne le fait que depuis quelques siècles seulement. Avant, il vivait plus librement, moins enchaîné, en harmonie avec mère Terre et l'univers, selon le rythme du soleil, de la lune et de la lumière. L'humanité ne connaissait pas de pression hormis celle de terminer son travail quotidien avant la tombée de la nuit. Les enfants indigo réapprendront peut-être à l'humanité à aborder le temps plus naturellement, autrement dit à être en harmonie avec cette si belle vie.

Gauchers/enfants à dominante cerveau droit

On dit des gauchers qu'ils ont un lien plus fort avec leur hémisphère cérébral droit, qu'ils sont ainsi plus intuitifs, plus réceptifs, plus créatifs que les droitiers/individus à dominante cerveau gauche. Bien entendu, je refuse toute répartition grossière des êtres en gauchers/droitiers, mais les observations de certains chercheurs concernant des gauchers que l'on avait forcé à utiliser leur main droite, coïncident si précisément avec certaines caractéristiques des enfants indigo que je tiens à les évoquer dans ce livre.

Il serait intéressant un jour de faire un test avec des centaines d'enfants indigo pour savoir quel pourcentage d'entre eux étaient gauchers à l'origine ou le sont restés. Dans son livre *Der umgeschulte Linkshänder* (Les gauchers rééduqués), Johanna B. Sattler a relevé chez ces personnes des caractéristiques surprenantes (voir liste ci-après) qui s'appliquent également aux enfants indigo.

Exemples de particularités des « gauchers rééduqués » :

- tendance à toujours contredire, aux « Oui mais » ;
- ils sautent ou oublient des étapes de raisonnement importantes lors de discussions ;
- forte tendance aux associations d'idées ;
- ils coupent souvent la parole, ne laissent pas les autres parler de peur d'oublier quelque chose ;
- ils restent cramponnés aux premières opinions et points de vue qui leur viennent ;
- manie de toujours avoir raison ;
- manque de diplomatie avec les autres, dont le gaucher rééduqué n'a souvent pas conscience ;
- mondanité pour compenser, même si pour eux les racontars sont généralement un supplice plutôt synonyme de tension que de détente.

Troubles du gaucher rééduqué :
– problème de concentration ;
– versatilité, coq-à-l'âne ;
– tendance à oublier, après avoir pourtant bien réfléchi ;
– difficultés en orthographe et en lecture ;
– légers troubles moteurs ;
– troubles du langage.

Ci-dessus, j'ai uniquement relevé les caractéristiques et les troubles que l'on retrouve également chez les enfants indigo. Dans de nombreux pays, les enfants sont désormais libres d'utiliser la main avec laquelle ils sont le plus à l'aise pour écrire, jouer, faire du sport. Jadis, être gaucher était considéré comme un mauvais présage, une maladie ou une tare mentale. Mais aujourd'hui, en Occident, on voit les choses différemment. Toutefois, il existe encore des cultures dans lesquelles les gauchers sont considérés comme impurs.

Il est aussi probable que de nos jours, il y ait un nombre accru d'enfants ambidextres. Observez votre enfant, et si vous remarquez qu'il est gaucher et que vous ne savez pas quoi faire, demandez l'aide d'une personne compétente. Tout comme le gaucher commence progressivement à être considéré comme « normal », au même titre que le droitier, l'enfant indigo va lui aussi devoir se frayer un chemin jusqu'à ce que la société le reconnaisse comme parfaitement « normal ».

3.3 *Onze règles d'or pour élever un enfant indigo heureux*

L'amour et la sollicitude sont les principaux piliers sur lesquels repose la capacité de l'enfant indigo à surmonter les situations de stress, les défis et les bouleversements qu'il rencontrera en grandissant. Les onze règles suivantes reposent sur l'amour et le soutien.

1. *Commencez à aimer consciemment votre enfant en prenant conscience de sa présence dans votre corps* (chose miraculeuse, pour certaines femmes c'est le cas dès la fécondation). Parlez-lui tandis qu'il grandit dans votre ventre et invitez son âme à s'approcher toujours plus près. Offrez à votre corps des aliments bons et sains, entretenez-le avec des exercices, des promenades en plein air et beaucoup de repos.

2. *Dès le début, massez quotidiennement votre enfant.* Le massage facilite la digestion et aide l'enfant à bien dormir et à se sentir bien, en bonne santé et en harmonie avec le monde (il existe d'excellents ouvrages sur le massage des bébés).

3. *Observez votre enfant et écoutez-le.* Découvrez quelles sont exactement ses habitudes alimentaires et de sommeil, apprenez à reconnaître ses réactions vis-à-vis de son environnement, du bruit et autres impressions. Observez comment il interagit avec les autres enfants. De

nombreuses méthodes thérapeutiques globales, telles que l'ayurvéda, la chromothérapie (thérapie par les couleurs), etc., offrent des indications quant aux différents profils d'enfant et à leur interprétation, qui vous aideront à mieux comprendre et soutenir votre enfant.

4. *Apprenez à votre enfant à respirer consciemment.* Nous bloquons souvent notre respiration face à une situation traumatisante ou douloureuse, car en coupant notre respiration, nous nous coupons également de nos émotions. Vous pouvez apprendre à votre enfant des exercices de yoga ou des techniques de respiration simples qui lui permettront de surmonter plus facilement ces situations. Il aura l'esprit plus clair, plus coordonné, et il sera capable de gérer seul et avec plus de facilité les situations difficiles.

5. *Les enfants indigo n'ont pas les mêmes habitudes alimentaires que nous et savent très exactement ce dont ils ont besoin et ce qui est bon pour eux.* Faites en sorte de lui proposer des aliments sains, si possible biologiques, mais autorisez-le aussi à manger de la nourriture de type « fast-food », s'il en a « besoin ». Généralement, l'enfant est capable de vous expliquer en quoi cette nourriture est bonne pour lui en ce moment précis (son corps assimile bien ces aliments grâce à son foie génétiquement différent). Apprenez à lui faire confiance. J'ai vu des enfants indigo qui, dès l'âge de trois ans, réclamaient souvent du Coca, et dont la mère leur cédait. Ces enfants sont aujourd'hui

des adolescents forts et en bonne santé. L'enfant indigo mange souvent moins, mais plus souvent (avez-vous déjà remarqué comment le réfrigérateur se transforme en self-service ?).

6. *Apprenez à vous centrer grâce à la méditation, la prière ou à des exercices spécifiques.* L'enfant indigo a vite raison de vous lorsque vous n'êtes pas centré. L'enfant n'ayant pas nécessairement besoin de méditer, ensemble vous pouvez faire des exercices doux et relaxants, afin que lui-même se calme et se sente mieux. Une belle musique, s'asseoir dans la nature, au bord de l'eau, loin de tout appareil électrique, ou encore l'utilisation de fragrances et d'arômes aideront votre enfant à trouver harmonie et paix.

7. *Sachez écouter.* L'enfant indigo sait ce qu'il fait, ce qu'il veut et ce dont il a besoin. Une écoute impartiale crée des situations merveilleuses. De toute façon, s'opposer ne fait généralement pas céder l'enfant. L'écoute s'avère alors un outil efficace.

8. *Demandez à votre enfant de vous aider, montrez-le lui lorsque vous ignorez quelque chose ou que vous ne comprenez pas.* Traitez-le comme une âme au même titre que vous (c'est ce qu'il est en réalité… dans un corps plus petit, c'est tout), et vous découvrirez en lui une aide précieuse.

9. *Laissez-lui beaucoup d'espace, mais fixez-lui dès le départ un cadre net et précis.* Il lui faut des limites clairement définies

mais, à l'intérieur de ce cadre, il a besoin d'un maximum de liberté. Ça n'est pas facile et cela exige une égalité d'humeur et une entente entre les deux parents, ainsi qu'une bonne stabilité dans le couple. Si besoin est, demandez l'aide d'un spécialiste. L'enfant indigo détectera tout de suite vos faiblesses émotionnelles et vous rendra la vie impossible. Avec l'aide d'un professionnel, vous pourrez vous-même grandir et évoluer spirituellement.

10. *Nous devons apprendre à nos enfants comment penser, mais en aucun cas ce qu'ils doivent penser.* Lorsque nous nous contentons de leur transmettre des connaissances, nous leur disons ce qu'ils doivent penser, savoir et faire, et que ce que nous leur montrons est la vérité. Mais ils n'apprennent pas ainsi à « penser ». Nous pouvons toutefois les aider à trouver les réponses par eux-mêmes, à s'approprier seuls la connaissance, soit avec l'aide d'autres personnes, soit en puisant dans leur richesse intérieure. En les laissant libres de découvrir leur propre vérité, de commettre leurs erreurs, ils apprennent tout seuls à penser de manière responsable.

11. *Et pour conclure : ne posez aucune condition à votre amour.* De toute façon, vous n'avez pas le choix. L'enfant vous « dressera » le temps qu'il faudra, jusqu'à ce que vous compreniez ce que signifie le mot « inconditionnellement ». Enfin, touchez votre enfant. L'enfant indigo adore être touché et sentir ainsi son corps. Serrez-le souvent dans vos bras, il a plus besoin de contact physique que les autres enfants.

3.4 Difficulté d'apprentissage ou intelligence ?

Chaque enfant possède ses aptitudes propres. Les enfants indigo se font souvent remarquer par des comportements auxquels les parents, enseignants et éducateurs ne sont pas habitués. D'un côté, ils donnent l'impression d'être incapables d'apprendre et de refuser de le faire. De l'autre, si l'on prend le temps de s'asseoir seul avec eux pour les aider à faire leurs devoirs, on s'aperçoit qu'ils sont plus subtils et plus intelligents qu'on le pensait. Ils comprennent même souvent beaucoup plus vite que les autres enfants. En réalité, le problème est qu'ils ont du mal à traiter les informations reçues dans une classe surchargée d'enfants (autrement dit remplie d'une multitude d'énergies différentes). Ce sont souvent des élèves tactiles, ils apprennent avec leurs mains.

Lorsqu'ils sont petits, ils peuvent simuler, car ils sont très rusés. Mais, plus tard, les difficultés commencent. Si on ne leur accorde pas une attention individuelle, ils commencent à utiliser leurs mains, à bouger sans arrêt et essaient de quitter la salle. Les diverses énergies présentes dans la classe influent trop fortement sur l'enfant indigo. Le changement de salle après chaque cours amène à nouveau une énergie différente. L'enfant doit en plus gérer les images qu'il perçoit (images ou représentations mentales qui se transforment dans son cerveau en idées, impressions ou émotions), qui le distraient, l'accablent, et qu'il ne parvient pas toujours à ordonner.

On s'aperçoit régulièrement que des enfants très mauvais à l'école sont en réalité plus doués et plus intelligents que leurs camarades de classe. L'intelligence n'est pas systématiquement à placer au même rang que les résultats, et un enfant en échec scolaire n'est pas automatiquement idiot. De même, l'enfant indigo n'est pas obligatoirement soit surdoué, soit bête. Étant donné que les enfants indigo ne commencent à être nombreux que depuis peu de temps, aucune étude n'a encore pu être réalisée pour déterminer s'ils sont généralement plus intelligents que les autres. Nous faisons là un travail de pionnier et beaucoup de choses ne pourront être découvertes que dans quelques années, lorsque les enfants indigo ne seront plus minoritaires mais majoritaires. Il est frappant de voir comment les enfants indigo sont souvent considérés aussi bien comme idiots que comme surdoués. Et ni les parents, ni l'école ne savent exactement comment s'y prendre avec eux.

Les enfants surdoués sont plus difficiles et exigent plus de leurs parents (et éducateurs) que les enfants « normaux ». Pour de nombreux enseignants, thérapeutes et psychologues, la question des enfants indigo ou des surdoués demeure une terre inconnue. Par conséquent, les parents ne se font malheureusement pas toujours une idée juste de leurs problèmes.

Qu'est-ce que l'intelligence au juste ?

1. *L'aptitude intellectuelle générale, ou intelligence, comprend :*
- une rapidité de compréhension ;
- une bonne capacité d'apprentissage ;
- la faculté d'imaginer les choses dans l'espace ;
- une bonne capacité de mémorisation ;

– des facilités intellectuelles exceptionnelles dans de nombreux domaines comme les sciences naturelles, les langues étrangères ou le raisonnement logique (jeu d'échecs, par exemple).

2. *Le don artistique* est l'aptitude particulière au dessin, à la musique, au chant, au théâtre, à la poésie.

3. *Le talent psychomoteur* intervient dans tout ce qui requiert une certaine adresse physique ou dextérité manuelle, comme le sport (la danse, par exemple) ou la mécanique de précision (le bricolage, par exemple).

4. *Le don de sociabilité* est l'aptitude particulière à bien s'entendre avec les autres, à compatir, à partager leur ressenti, à avoir un effet équilibrant sur eux ou à les aider.

Les dons apparaissent rarement de façon isolée, ils se combinent les uns avec les autres. Mais l'aptitude intellectuelle générale d'un enfant ne se mesure pas à l'aide d'instruments à valeur universelle, comme on calcule sa taille avec un mètre ou son poids avec une balance. Toutefois, lorsque plusieurs enfants sont soumis au même test de raisonnement, au test du QI notamment, des graduations relatives apparaissent (voir chapitre 3.5 pour en savoir plus sur le Quotient Intellectuel ou QI).

Avoir un don inné pour quelque chose n'est pas une garantie de résultat. En dehors de l'aptitude, la créativité est en outre indispensable pour l'obtention de résultats remarquables. Afin que don et créativité s'épanouissent, d'autres facteurs doivent encore venir s'ajouter : la motivation et des conditions favorables.

• *Créativité*

La créativité est la capacité à relier des idées, des informations et des choses entre elles, d'une manière originale, c'est-à-dire inhabituelle et inédite. Voici les caractéristiques types d'un travail créatif :

1. *Pensée divergente :* raisonnement allant dans des directions complètement opposées, qui ne se satisfait pas de la réponse évidente à un problème, mais scrute l'horizon à la recherche de solutions inhabituelles.
2. *Originalité :* caractère unique de certaines idées qui désignent quelque chose de spécial et de totalement nouveau. L'imagination des créateurs dépasse souvent les limites du possible et ouvre sur des domaines nouveaux et inconnus.
3. *Flexibilité :* capacité d'adaptation intellectuelle qui fait qu'un individu est capable de passer rapidement d'un niveau de raisonnement à un autre, et de considérer instantanément les problèmes sous différents angles.

• *Motivation*

Quelqu'un a dit un jour : « Les enfants n'ont pas besoin d'être motivés à apprendre, ils sont naturellement curieux, si seulement on les laisse faire. » La motivation est l'ensemble de l'intérêt et de la persévérance d'un enfant, qui détermine combien d'énergie et de temps l'enfant investira dans un travail. La motivation est constamment influencée par les parents, enseignants, éducateurs, amis, formateurs, etc. Afin que l'enfant puisse développer son potentiel, les attentes des parents et de l'école doivent correspondre aux capacités et aux besoins intellectuels de l'enfant. L'enfant sera avant tout performant si son intelligence est stimulée. Étant donné que le contenu et la structure traditionnelle de l'enseignement ne sont pas à la hauteur du potentiel des enfants indigo et les ennuient (et donc leur pèsent), c'est aux parents, professeurs et éducateurs qu'il revient de stimuler l'envie d'apprendre et la curiosité de l'enfant.

Certaines attitudes permettent souvent de se rendre compte qu'un enfant n'est pas bête, mais au contraire doué. Un enfant peut ainsi résoudre des exercices difficiles en un tour de main, alors qu'il sèche en face de problèmes simples. Tout ce qui est routinier, répétitif ne constitue aucun challenge pour lui et ne le captive donc pas. Un enfant dont l'intelligence n'est pas suffisamment stimulée, réagit souvent en dérangeant le cours et réclame par ailleurs beaucoup d'attention. S'il n'a pas la possibilité d'exploiter pleinement son potentiel et si le cours ne compense pas les insuffisances du milieu familial, cet enfant risque d'avoir des problèmes. Prenons l'exemple d'un petit enfant qui étonne par ses idées foisonnantes et sa vivacité. Lors de tests, il obtient malgré tout des résultats inférieurs à la moyenne, et une fois à l'école, il se bagarre avec ses camarades, pique des crises d'hystérie et refuse d'apprendre quoi que ce soit. Il arrive qu'il ne sache toujours pas lire en fin de CP. S'il développe un intérêt pour la lecture à la maison, il est capable de rattraper son retard en très peu de temps, mais il ne le dira pas à son instituteur. Il continuera alors à refuser de lire à l'école. Ainsi, cet enfant peut se retrouver subitement dans une école spécialisée pour enfants attardés, alors que le problème de départ était simplement que le cours était beaucoup trop facile pour lui. Ces enfants finissent souvent en quelques minutes ce que les autres font en plusieurs heures, et ils présentent souvent un QI plus élevé que la moyenne. Très souvent, les enfants doués sont aussi des enfants mal à l'aise qui ont besoin d'une plus grande attention.

3.5 Le test du QI

L'aptitude intellectuelle générale (intelligence) ne se mesure pas à l'aide d'instruments de mesure. Certes, on peut constater des graduations relatives lorsqu'on soumet plusieurs personnes à un même test de logique. Il existe de nombreux tests dans le monde, chaque pays a les siens, et il est malheureusement impossible de tirer une conclusion du style « Aujourd'hui, les gens sont plus intelligents qu'il y a cinq ans » ou « Aujourd'hui les enfants prodiges sont plus nombreux qu'il y a dix ans ». Le résultat de tels tests peut néanmoins s'exprimer en chiffres et être comparé à la performance moyenne du même groupe d'âge. On détermine ainsi par calcul une valeur relative du quotient intellectuel (Q.I.).

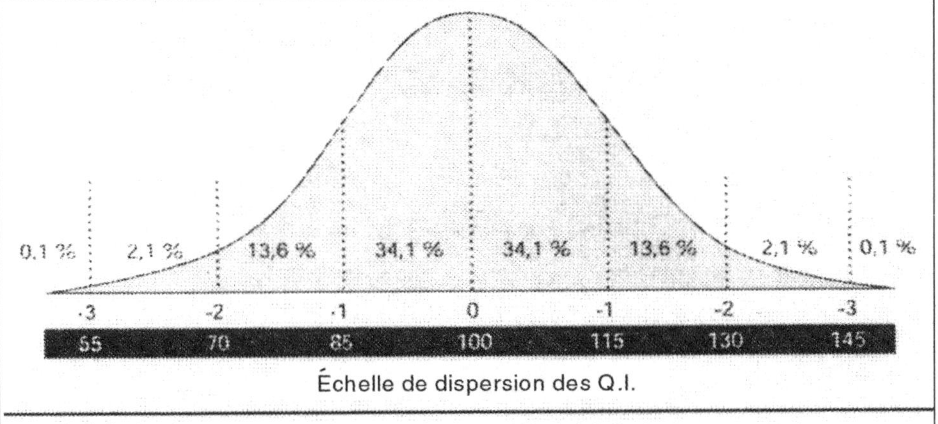

Distribution normale des quotients intellectuels.

Extrait de la brochure du ministère fédéral allemand pour l'Enseignement et la Recherche : « Déceler et encourager les enfants surdoués. Des conseils pour parents et enseignants » (www.bmbf.de)

Les enfants dont l'intelligence dépasse la moyenne de leur tranche d'âge ont un Q.I. supérieur à 100, tandis que ceux qui ont un retard de développement affichent un Q.I. inférieur à 100. L'évaluation se fait toujours à l'intérieur d'un groupe ; la fréquence relative des quotients intellectuels au sein du groupe peut ensuite être représentée graphiquement. On obtient une répartition standard en forme de cloche, avec une valeur moyenne de 100 et une dispersion (ou écart type) de 15 (voir graphique). Ici, 68,2 % du groupe, soit deux bons tiers, se situent dans la région de 100, plus ou moins 15 (85-115). Environ 95 % ont un QI compris entre 70 et 130. Les autres se situent au-delà ou au-dessous.

Les tests du QI sont utilisés depuis 90 ans mais demeurent controversés. Ils ne mesurent qu'une partie des capacités intellectuelles seulement, et ces capacités intellectuelles ne constituent qu'une portion de l'ensemble des aptitudes réelles. De plus, pour une évaluation juste du résultat du test, il serait également bon de tenir compte des circonstances du test, en se posant notamment les questions suivantes :

1. L'enfant est-il en forme le jour du test ?
2. L'enfant et la personne qui le soumet au test s'entendent-ils ?
3. Avec quelles attentes l'enfant (et les parents) arrive-t-il au test ?
4. Qu'est-ce que le résultat du test risque de changer pour l'enfant ?

De nombreux parents se voient priés par l'école de soumettre leur enfant au test du QI, lorsque le comportement de celui-ci dérange. Au préalable, il est important de se renseigner sur les différents tests possibles. Il existe des services de consultation pour cela. Ces dernières années, de nouveaux tests d'intelligence ont été mis au point. Ils comprennent des questions adaptées à chaque tranche d'âge et donnent des résultats pertinents.

3.6 Méthodes d'apprentissage parallèles

Les écoles Montessori et Steiner

> *C'est en faisant et en pensant par lui-même que l'enfant apprend le mieux.*
>
> Jean Piaget

Les écoles davantage orientées vers un accompagnement individuel de l'enfant sont nettement plus intéressantes pour les enfants indigo que les écoles standard. Mais quelle forme d'école saura le mieux les accueillir et les accompagner dans notre système éducatif occidental ? ... Voilà une question difficile. Cela dépend beaucoup des enseignants, de la direction de l'école et de la position de l'établissement vis-à-vis des enfants indigo. Il n'est pas question ici de généraliser. Ce dont l'enfant indigo a incontestablement besoin, c'est d'une forme de cours qui lui soit adaptée. L'école qui va dans ce sens, qui forme ses instituteurs spécialement au comportement des enfants indigo et qui se prépare avec de nouveaux outils de travail, est sans nul doute la « meilleure » adresse.

Il est plus que jamais temps d'impliquer les enfants dans le processus d'apprentissage. L'idéal serait qu'ils puissent choisir eux-mêmes leur école, en déterminant avec leurs parents quel établissement leur plaît le mieux, où ils ont le sentiment de pouvoir apprendre quelque chose et de bénéficier d'un soutien positif. De nombreux enfants refusent chaque jour d'aller à l'école. Depuis quelque temps à Berlin, un service de police spécial ratisse les rues à la recherche des jeunes qui « sèchent » les cours. Ces derniers sont ensuite reconduits à l'école par les officiers. Si l'on écoute les commentaires de ces jeunes, on s'aperçoit que, généralement, ils trouvent le cours inintéressant et les radotages du professeur insupportables.

Rappelons-nous ce que nous ressentions à leur âge ! Cependant, la situation s'est nettement aggravée. Quelque chose s'est complètement détraqué. Sommes-nous en train d'assister à l'entrechoquement de deux mondes ? Nos enfants, dans l'ensemble, ne se laissent plus dicter ce qu'ils doivent faire, refusent de se soumettre aux vieux principes et à l'idéologie « Il faut ». Ils détestent les attitudes autoritaires et antidémocratiques. Avant que toute notre petite jeunesse ne refuse d'aller à l'école, nous ferions mieux de nous adapter aux enfants nouveaux. Notre plus grand souhait n'est-il pas, en fin de compte, de voir grandir une génération qui sait pourquoi elle vit ? Une génération qui peut réaliser ses rêves et a envie d'être maître de sa vie.

Quelqu'un a dit un jour : « Pour connaître la situation d'un pays, observez ses enfants ». On parle beaucoup de la violence et de l'agressivité à l'école, du manque d'attention, de l'échec scolaire, des dons ou de l'hyperactivité des enfants. Jadis, le niveau d'intelligence et d'apprentissage des élèves d'une même année semblait plus homogène. Les enfants d'aujourd'hui, par contre, semblent très différents les uns des autres. Il est donc impératif que la direction des écoles mette en place des classes différentes, sans quoi aucun élève ne progressera.

La quantité d'enfants qui traînent dans les rues est effrayante. Pour la seule ville de Berlin, en Allemagne, on estime leur nombre entre 3000 et 5000. Qu'il s'agisse ou non d'enfants indigo, cela montre combien le fossé entre les générations peut se creuser. À mon avis, il est grand temps de réfléchir à la direction que nous souhaitons prendre. Allons-nous continuer sur la même voie que jusqu'ici, ou allons-nous prendre conscience des modifications universelles et décider de changer nous aussi ?

Un peu partout dans le monde, des systèmes éducatifs ont opté pour une orientation différente. C'est le cas des écoles Montessori, Steiner, Freinet, etc. Voici une brève présentation des deux premières :

• *École Montessori*

Le système Montessori d'origine, d'après la philosophie de Maria Montessori, semble être spécialement conçu pour les enfants indigo. Il est très structuré, mais en même temps extrêmement flexible dans son organisation. Les enseignants et le reste du personnel reçoivent une formation Montessori spécialisée qui s'étend sur plusieurs années. Aux États-Unis, quelques écoles Montessori ont pris conscience du « problème indigo » et ont commencé à former leurs instituteurs en conséquence, afin de bien accompagner ces enfants nouveaux. Un principe important de l'école Montessori, comme de toute pédagogie humaniste, est la « pédagogie de l'action ». Dans l'école Montessori, l'enfant dispose d'une grande liberté pour décider lui-même du déroulement de la journée. Il apprend de façon ludique à faire les choses par lui-même. L'enseignant est un véritable accompagnateur pour l'enfant. Il présente de nouveaux thèmes, assiste les enfants lors du travail de groupe et évite de les critiquer. L'enfant peut choisir le thème qu'il souhaite travailler.

Les enfants apprennent à écrire et à compter avec des objets mobiles, comme dans un jeu. L'éducation artistique est un élément important de l'enseignement. Ils apprennent en outre les gestes pratiques de la vie quotidienne, comme préparer à manger, plier des vêtements, faire le ménage, etc. Ils apprennent à développer leurs sens, par exemple à sentir la surface de divers objets ou matières avec leurs mains. Ils apprennent à développer leur propre créativité, à travailler à leur rythme et à avoir confiance en eux.

L'un des principaux buts de cet enseignement, à côté de l'apprentissage traditionnel, est que les enfants découvrent qui ils sont, ce qu'ils aiment et n'aiment pas, ce à quoi ils croient et ce à quoi ils ne croient pas.

Seule lacune du système Montessori à l'heure actuelle : la transition vers la vie réelle, une fois l'école terminée. Là, le vieux et le nouveau s'entrechoquent, et les enfants ont du mal à s'adapter à notre société matérialiste gouvernée par la course au rendement. Mais qui sait comment seront les choses dans dix ou quinze ans, lorsque la grande vague d'enfants indigo sera devenue adulte ?

• *École Steiner*

L'école Steiner n'a cessé de se développer depuis sa fondation par Rudolf Steiner (1861-1925), en 1919, à Stuttgart. Les écoles Steiner sont des « écoles de parents ». Elles requièrent le soutien optimal et matériel des parents. L'anthroposophie, science de la nature humaine en tant que corps, mental et esprit, est à la base de la pédagogie Steiner. Le concept éducatif, axé sur les différentes étapes du développement de l'enfant, est un art visant à conduire les jeunes gens vers ce qu'ils sont réellement. Le climat éducatif, qui aborde l'être grandissant dans sa globalité et prend au sérieux ses capacités comme ses faiblesses individuelles, favorise l'évolution vers une personnalité autonome. La période scolaire, dont la maternelle, est perçue comme une phase capitale de la vie, et non pas simplement comme une préparation à la vie. Au cours de cette phase, l'enfant doit acquérir des aptitudes importantes, comme la capacité à agir avec résolution, imagination et responsabilité, une perception juste, une pensée claire, un jugement autonome et un ressenti vivant.

Les enfants suivent un parcours scolaire global dont le centre n'est pas le programme, mais la personnalité de l'enseignant (les instituteurs/trices suivent généralement la même classe pendant huit ans). Les élèves passent davantage de temps sur chaque thème, afin de mieux les maîtriser, non pas au seul niveau intellectuel et logique, mais dans leur globalité. À partir du lycée (de la seconde à la terminale), l'accent est mis sur les matières, et les concepts à leur base, la personnalité du professeur n'est désormais plus au premier plan. Avant d'élaborer et de proposer des solutions et des modèles de raisonnement, les élèves doivent d'abord apprendre à se familiariser avec la question ou l'exercice par l'observation et la description. Le développement de l'individu est au centre de la pédagogie Steiner, et à côté des matières à orientation plus cognitive[1], sont proposés la musique, des activités manuelles et artistiques, le chant, le travail sur bois, etc. En fin de scolarité, l'élève réalise un projet individuel. Ensuite, il peut passer les examens finaux reconnus par l'État.

L'eutonie

En Belgique, le travail eutonique s'est introduit dans les écoles. L'eutonie aide les élèves à développer leur estime personnelle, à travers un processus dynamique d'expérience corporelle au cours duquel ils prennent conscience des différentes parties de leur corps. Les enfants deviennent par là même conscients de leur expression et de leur attitude. Par ce processus d'intégration, ils apprennent à laisser leurs émotions enfouies et leurs blocages remonter dans leur conscience et peuvent retrouver une confiance dans leur propre ressenti. L'enfant se sent ainsi faire partie du tout, devient conscient de son environnement qu'il ressent comme vivant et, en même temps, comme paisible. L'eutonie ouvre les enfants à un monde avec lequel ils peuvent mieux communiquer.

---

1. Reposant sur l'acquisition de connaissances par le raisonnement.

L'eutonie a été mise au point par Gerda Alexander. Très jeune, G. Alexander était en fauteuil roulant. À cette époque, elle a commencé à explorer son corps, à le ressentir, à sentir sa vie. Elle a complètement recouvré la santé grâce à sa propre méthode. L'eutonie (du grec *eu* qui signifie juste, bien, harmonieux, et *tonos* qui signifie tension) est également vue comme une méthode occidentale permettant à l'homme de faire l'expérience de l'unité de son corps, de prendre conscience de son corps, à la fois de l'intérieur, de l'extérieur et en relation avec son environnement. Nous sommes habitués à ne pas trop faire attention à notre corps et, généralement, nous ne commençons à le sentir que lorsque nous avons mal. L'eutonie nous apprend à nous détacher du monde extérieur et à nous tourner avec confiance vers l'intérieur de nous-mêmes.

Les exercices eutoniques apprennent à l'enfant à être maître de son état, à le « modeler » et à faire partie de lui. Le travail sur son corps apporte bien-être, sentiment de sécurité et assurance à l'enfant. L'enfant devient plus sûr de lui, se sent mieux, plus serein et plus conscient. Il se concentre mieux sur son travail et ses obligations et il est plus centré dans la vie. Les mouvements eutoniques, simples, dégagent une grande beauté et partent de l'intérieur. Avec le temps, l'enfant se sent davantage dans le présent, dans le « ici et maintenant », et il peut explorer et exprimer librement ses capacités intellectuelles et physiques. Il ressent davantage la vie comme une unité, à partir de quoi tout est plus facile et trouve une parfaite expression.

Objectifs du travail eutonique

- Sentir l'espace intérieur de son corps.
- Ressentir sa peau comme une enveloppe vivante.
- Prendre conscience de ses os, de son squelette pour découvrir sa puissance intérieure.
- Devenir conscient de toutes ses sensations physiques et de l'expression de son corps.
- Rétablir l'équilibre psychique par une réorganisation consciente du tonus, de la respiration, du maintien et du mouvement.
- Découvrir comment tout travail, qu'il soit « positif » ou « négatif », se répercute systématiquement sur l'ensemble de la personnalité.
- Prendre conscience que le corps, l'esprit et l'âme forment une unité.

Malheureusement, je n'ai à ce jour trouvé aucun rapport expérimental parlant d'exercices eutoniques effectués avec des enfants indigo, hyperactifs ou atteints de syndromes déficitaires. Il serait à mon avis très intéressant d'étudier la question, car je pense que l'eutonie pourrait être d'un grand secours pour ces enfants.

Petits effectifs et instituteurs spécialisés aux États-Unis

Aux États-Unis, de nombreuses écoles proposent des classes de huit à dix élèves maximum, et non pas de 27 en moyenne comme chez nous. De telles classes seraient idéales pour les enfants indigo qui pourraient alors bénéficier de l'accompagnement individuel du professeur.

On trouve également, aux États-Unis, des écoles dans lesquelles le professeur est secondé par deux assistants. Ainsi, les enfants peuvent être répartis en plus petits groupes et bénéficier d'une plus grande attention. Il existe également des classes spéciales pour les enfants au comportement difficile (les enfants hyperactifs, entre autres, peuvent atterrir dans ces classes). Les parents doivent signer un document autorisant l'établissement à placer leur enfant dans cette classe « HC » (handicap comportemental).

D'autres écoles américaines ont cherché à adapter leur structure aux enfants nouveaux en introduisant un nouveau système d'enseignement. Elles ont notamment chargé un instituteur spécialisé « HC » de rendre visite à chaque classe deux fois par jour, afin de discuter, avec les élèves et l'instituteur, des problèmes rencontrés au cours de la journée et d'essayer d'élaborer des stratégies pour les résoudre. L'instituteur principal se sent ainsi épaulé et les enfants savent que, deux fois par jour, quelqu'un viendra, qui est là pour les écouter et prendre en main leurs problèmes. À mon avis, il s'agit là d'une solution vraiment intéressante que l'on pourrait aisément mettre en place dans nos écoles européennes.

Du yoga à l'école

De nos jours, certaines écoles proposent également des cours de yoga. Les enfants apprennent des exercices d'étirement et d'affermissement simples, qui leur permettent de prendre conscience de ce qui se passe à l'intérieur et à l'extérieur de leur corps. Ils développent ainsi concentration et attention, gagnent en estime et en assurance personnelle, ce qui favorise l'harmonie entre le corps et l'esprit. L'enfant développe une personnalité équilibrée et bien centrée.

Le yoga est idéal pour obtenir une musculature solide et des articulations souples. Il améliore, en outre, le maintien de l'enfant. Même les enfants timides et pas très sportifs apprennent, grâce au yoga, à exprimer leurs émotions et à laisser libre cours à leur imagination.

De la gymnastique cérébrale aux États-Unis

Par gymnastique cérébrale (en anglais Brain Gym®) on entend un ensemble d'exercices et de mouvements simples et doux, conçus pour augmenter l'attention et la capacité d'apprentissage des enfants. Les enfants doivent, par exemple, tirer leurs propres oreilles, se frotter la poitrine, dessiner des figures avec le signe de l'infini (le huit allongé), taper sur leur jambe droite avec la main gauche et inversement. Ils apprennent ainsi à mieux se concentrer et à se centrer. Ces exercices doux et ces techniques de coordination ont un effet très positif sur les enfants. Dans l'école primaire d'Oakley, aux États-Unis, ces exercices sont effectués deux fois par jour, une fois le matin et une fois l'après-midi, pendant quinze minutes au total. Les résultats ainsi obtenus sont nettement plus probants qu'avec d'autres méthodes.

Le docteur Paul Dennison s'est inspiré de la pédagogie médicale, de la kinésiologie appliquée et des découvertes récentes sur le cerveau pour développer cette méthode globale. Le but étant de favoriser l'apprentissage, le développement personnel et la joie de manière naturelle. Dans les écoles américaines, on a pu constater que les enfants hyperactifs en particulier tiraient un grand bénéfice de ces exercices. Ils deviennent plus calmes, plus sereins et ne perturbent plus autant le cours. Cette gymnastique cérébrale s'avère également une alternative intéressante aux médicaments comme la Ritaline.

La gymnastique cérébrale est définie ainsi : « *Un système de mouvements et d'exercices simples ayant deux incidences : réduction du stress lorsqu'il faut apprendre ou dans les situations nouvelles, et augmentation des fonctions cérébrales de sorte qu'une intégration peut avoir lieu* ». L'idée derrière tout ça est de relier les deux hémisphères cérébraux, afin qu'ils travaillent plus harmonieusement ensemble, et d'éviter qu'un hémisphère devienne dominant et prenne la direction. Par nature, les enfants indigo résolvent mieux leurs exercices avec les deux hémisphères en même temps et sont donc, avec cette méthode, clairement dans leur élément.

À Taiwan, ce sont les élèves qui font le cours !

Un ami européen, qui vit la moitié de l'année à Taiwan, m'a appris que là-bas, depuis de nombreuses années certaines écoles laissent les élèves conduire eux-mêmes le cours.

Pendant les cinq premières minutes l'instituteur essaie de résumer aux enfants le contenu de toute l'heure de cours. Il laisse ensuite les enfants disposer du reste de l'heure. Au cours de mes recherches, je suis tombée sur un article intéressant de Thom Hartmann :

« En matière de TDA[1]*, Taiwan est la société la plus entreprenante que je connaisse. J'ignore toujours s'il s'agit d'un enfer ou d'un paradis en ce qui concerne ce trouble, mais c'est tout simplement incroyable. La ville de Taipei est un véritable asile d'aliénés… Aux États-Unis et en Australie, il semble que nous ayons beaucoup de mal à trouver un moyen de régler le problème de TDA. Taiwan, où ce trouble est au moins aussi présent que par chez nous (voire plus), présente les meilleures réussites scolaires du monde en mathématiques et en sciences. Comment cela se fait-il ?*

Un reporter du journal Independent of London *a rédigé un article à ce sujet qui a éveillé mon intérêt. Voici ce que dit cet article :*

Des fous de l'apprentissage/Taiwan

À Taiwan, lorsqu'un professeur entre dans une salle de cours, certains élèves sont encore en train de travailler sur les exercices de l'heure précédente. En l'espace de 45 secondes, ils sont à nouveau parfaitement attentifs, les yeux rivés sur le tableau, et ils commencent à travailler. L'instituteur explique par exemple un point d'arithmétique. Le cours est rapide, voire incompréhensible, et comprend beaucoup de questions. Des réponses fusent de toute part

1. Trouble déficitaire de l'attention.

à travers la classe. Les enfants sont tous impliqués à 100 % dans le processus, ils s'avancent, proposent leurs réponses, les écrivent au tableau. Parfois, six ou sept d'entre eux, sur les 40 élèves de la classe, bondissent en même temps et s'empressent de répondre.

À Taiwan, le système scolaire repose sur le principe fondamental suivant : le travail de l'enseignant consiste à présenter les données du cours durant les cinq premières minutes. Rappelez-vous lorsque vous étiez élève, bien souvent le cours aurait également pu être résumé en quelques minutes. L'instituteur se réserve les cinq premières minutes en disant « voilà l'information », puis il livre le reste de l'heure aux enfants. « Qui de vous a tout compris ? Toi ? Qui au contraire n'a pas tout compris ? Toi ? OK, tu expliques à ton voisin, et toi, tu expliques à ta voisine…! » Les enfants se font mutuellement la classe. Ceux qui ont de l'avance ne s'ennuient pas, car ils prennent la place du professeur. Ceux qui sont à la traîne ne s'ennuient pas non plus, car les meilleurs de la classe leur expliquent le cours. L'instituteur reste disponible, il circule parmi les élèves, les aide, les conseille et ne perd pas de temps à essayer de faire régner la discipline. Dans la classe, ni trouble déficitaire de l'attention, ni élève forcé de prendre des médicaments. Le système scolaire public de Taiwan est un système qui fonctionne. Il repose sur un concept radical qui offre une solution une fois pour toutes.

Un système identique était en place il y a quelques siècles aux États-Unis. Plongez-vous dans les manuels scolaires du XVIIIe siècle : il y est clairement dit que ce n'est pas au professeur de faire le cours. Son devoir consiste à mettre le « matériel scolaire » nécessaire à la disposition des élèves, de façon à ce que ces derniers puissent s'enseigner les uns les autres. Ainsi, les enfants sont complètement impliqués dans le processus d'apprentissage ! »

Chapitre 4 :

La santé indigo

4.1 La santé des enfants indigo

Les enfants indigo commencent à être plus nombreux depuis dix ans seulement. Il est par conséquent impossible d'affirmer quoi que ce soit de solide au sujet de leur santé. Normalement, la majorité des enfants viennent au monde en parfaite santé. Durant l'enfance, ils sont atteints des maladies infantiles habituelles, puis, plus tard seulement, d'éventuelles maladies individuelles. Certes, un nombre accru de maladies physiques telles que l'asthme, toutes sortes d'allergies, ainsi qu'une tendance aux troubles oto-rhino-laryngologiques (O.R.L.) ont été décelés chez les enfants nouveaux, mais il est impossible de dire avec certitude dans quelle mesure ces maux touchent plus spécifiquement les enfants indigo, étant donné l'absence d'étude approfondie à ce sujet. Nous constatons simplement que l'hyperactivité, la dyslexie et les troubles de l'attention sont fréquents ; je ne parlerai toutefois pas de maladies. On dirait que les enfants indigo choisissent souvent des maux ou syndromes frappants, qu'il est impossible de ne pas remarquer, forçant ainsi leurs parents et leur entourage à chercher plus loin, à agir et à prendre leurs responsabilités.

Les enfants indigo viennent au monde avec une fréquence énergétique* plus élevée que les générations précédentes. Ce que je sais de ces enfants, mon expérience personnelle avec eux et les diverses informations que j'ai pu récolter à travers le monde, me poussent fortement à me poser les questions suivantes : Se pourrait-il que les enfants indigo soient constamment en train de distribuer leur énergie subtile aux adultes qui les entourent, ce sans en être conscients ? Qu'ils soient de ce fait continuellement « vidés » et « à plat » ? Lorsqu'ils vivent à la maison, il leur arrive de tellement déborder d'énergie qu'à la fin de la journée, les parents, frères et sœurs sont exténués. Mais lorsqu'ils sont plus grands, qu'ils vont à l'école et font des activités à l'extérieur, ils commencent à perdre beaucoup d'énergie. Ils sont constamment fatigués et vidés.

Du point de vue énergétique, ce phénomène s'explique : lorsqu'un être avec une fréquence énergétique élevée rencontre un autre être ayant une fréquence plus faible, deux cas de figure sont possibles :

1. L'être à la fréquence énergétique élevée est pompé par celui à la fréquence plus faible. Le premier se sent vidé et s'exclame : « Il/elle me pompe mon énergie » ou « Il/elle me demande tellement d'énergie », tandis que le dernier se sent revigoré, il s'est pour ainsi dire rechargé.
2. Lorsque l'individu est conscient de ses vibrations élevées, il peut sans crainte laisser les autres utiliser son énergie, car il sait que celle-ci provient de la source divine et qu'elle est donc inépuisable. Il conserve simplement sa fréquence, et la partage avec les autres sans être lessivé. L'individu à la vibration plus basse se sentira, dans ce cas aussi, revigoré et rechargé.

De nombreux signes indiquent que les enfants indigo présentant un trouble déficitaire de l'attention, accompagné d'une hyperactivité et d'une polarité « inversée » chronique (également appelée CRP, *chronic reversed polarity*), distribuent constamment leur énergie. C'est peut-être la raison pour laquelle ces enfants ont une santé plus fragile. Chez ces enfants, les maladies sont difficiles à soigner tant que leur polarité est « inversée ». Les enfants, qui depuis la naissance peut-être, distribuent sans cesse leur énergie à leurs parents et à leur entourage, sombrent dans un stress chronique.

Keith Smith, iridologue[1] et botaniste californien spécialisé dans la polarité inversée, explique, pour reprendre ses termes tels que Lee Carroll et Jan Tober les ont relevés dans leur livre *The Indigo Children* : « *Le fait d'avoir une polarité inversée affaiblit l'« énergie électrique » du corps. Le stress chronique en est la cause principale. Lorsque la charge électrique du corps diminue, des symptômes apparaissent en guise d'alarme : mal de dos, muscles contractés ou maux de tête. Si la tension du corps plonge en deçà de 42 hertz, le système immunitaire* n'est alors plus capable de défendre l'organisme contre la maladie. Il est indispensable que la personne rétablisse régulièrement sa charge électrique, recharge sa tension, exactement comme avec une batterie. Si l'on néglige les symptômes, fatigue extrême, dépression, angoisses, migraine, surdité peuvent apparaître, ainsi que des problèmes de tissu conjonctif ou encore des douleurs chroniques dans des régions du corps déjà affaiblies. Le système normal d'autodéfense de l'organisme ne fonctionne plus. Les signaux électriques habituellement envoyés*

1. Iridologie : diagnostic à partir des yeux.

au système immunitaire dans un but de protection, semblent alors plutôt avoir un effet destructeur. » K. Smith se pose également la question suivante : « *Cette polarité inversée chronique n'est-elle pas un dernier appel lancé par l'organisme pour que nous nous mettions au repos, comme une hospitalisation ou un alitement nous contraindrait à le faire ?* »

Il est important que vous expliquiez à votre enfant le processus énergétique à l'origine de son épuisement, et que vous fassiez, par exemple, avec lui l'exercice « Faire le plein d'énergie » (voir chapitre 8). La polarité inversée n'étant pas facile à déceler, il est recommandé de faire systématiquement appel à un spécialiste.

Des expériences thérapeutiques et témoignages de parents ont montré que les enfants indigo sont plus enclins aux « maux » ou problèmes suivants :

- Polarité inversée chronique (CRP – *chronic reversed polarity*).
- Problèmes O.R.L., rhumes et grippes fréquents.
- Allergies.
- Fatigue psychique.
- TDA et THDA (dépisté par tests).
- Asthme et bronchite.
- Dépression.
- Douleurs chroniques à des endroits variables.
- Fatigue chronique et manque de résistance physique.
- Maux de tête fréquents.

Les enfants indigo ont en principe une santé et une vitalité normales. Mais, du fait de leur énergie élevée, il se peut qu'ils vivent et expriment la maladie différemment. Selon moi, ils utilisent rhumes et états grippaux afin de se réharmoniser avec eux-mêmes et pour pouvoir se reposer organiquement et psychiquement.

En principe, l'enfant indigo a besoin de très peu de sommeil, en règle générale juste assez pour permettre au corps physique de récupérer. Ce qui peut l'accabler ou le rendre malade, c'est son sentiment d'être différent ou de ne pas être accepté. Il ne perçoit pas la vie comme nous, et cette perception ne lui facilite pas les choses. La vérité, c'est qu'il voit tout sous un angle différent du nôtre. Nous avons baptisé cela « trouble de la perception », parce que cela ne coïncide pas avec notre vision des choses. En règle générale, nous ne comprenons pas ces enfants, et lorsque nous ne comprenons pas l'enfant, ni sa façon de voir, cela nous perturbe. Et par notre attitude, nous reportons cette perturbation sur lui. Malheureusement, celle-ci le marque durablement et influence l'ensemble de son développement.

Qu'est-ce que la perception au juste ? La perception est un processus actif d'interaction entre un individu donné et son environnement, pour produire des informations et des significations. La perception s'effectue par les sens : vue, ouïe, goût, odorat et toucher. Lorsque la coopération de ces sens n'est pas optimale (telle que nous la considérons comme « normale »), elle peut perturber l'interaction entre l'individu et son environnement. Cela peut se traduire par des troubles du comportement social, de l'apprentissage, du mouvement, ainsi que par une fragilité physique ou des maladies.

On prétend que la perception de certains enfants indigo est perturbée, mais l'est-elle vraiment ? N'est-ce pas plutôt que les enfants indigo sont plus évolués que nous ? Que leur perception n'est pas limitée comme la nôtre ? Ils se déplacent facilement sur différents plans énergétiques et saisissent les grands principes universels mieux et plus rapidement que nous. Lorsque nous les rejetons sans cesse, nous nous moquons d'eux et les excluons comme s'ils étaient fous, ils rentrent alors dans leur coquille. À la longue, ils finissent par tomber malades.

Il est intéressant de voir que la théorie des couleurs associe la couleur indigo à la qualité « perception ». La couleur indigo, qui est associée au troisième œil*, signifie également que l'œil intérieur est ouvert et que cette ouverture permet une vision plus spirituelle des choses. C'est cette autre vision que les enfants indigo apportent avec eux. Pour eux, tout est Un. Ils se sentent unifiés tels qu'ils sont, en tant qu'êtres divins, et ne comprennent pas notre tendance à toujours considérer les choses comme séparées les unes des autres. À force d'être rouspétés, jugés, corrigés, punis et « non reconnus », ils perdent le contact avec leur être profond et finissent par tomber malades. Ils souffrent alors physiquement, émotionnellement et psychiquement. Notre devoir est de les encourager à entretenir et à développer leur vision globale des choses, leur perception innée.

Lorsqu'ils savent qu'ils vont être rejetés, les enfants trouvent tout un tas de prétextes pour éviter cela, comme : « Maman, j'ai tellement mal au ventre », « Je ne peux pas bouger, j'ai mal au genou » ou « J'ai si mal à la tête », « J'ai si mal au cœur, je ne peux vraiment pas aller à l'école (ou ailleurs) ». Ils trouvent n'importe quelle douleur – que, du reste, ils finissent par réellement sentir – pour écarter les situations de rejet.

À mon avis, on n'accorde malheureusement pas assez d'attention au jeu des corps « inférieurs » (physique, émotionnel, mental et éthérique). On sous-estime les relations subtiles entre ces différents corps, faute de les connaître. Lorsque l'enfant se sent toujours mal, rejeté, pas reconnu ou mal aimé, des perturbations apparaissent au niveau de ses différents corps. Ces perturbations s'expriment finalement dans le plus dense d'entre eux, le corps physique, sous forme de maladie. La maladie est en quelque sorte l'alarme sonnée par le corps pour signaler que quelque chose ne va pas. L'assistance de thérapeutes ou de médecins est alors importante pour l'enfant. Aucun antibiotique ne peut la remplacer. L'enfant a besoin d'une personne qui lui tienne lieu de référence, qui l'écoute sans réserve et le prenne au sérieux. Quelqu'un dont le regard et la vision soient plus élevés pour pouvoir le guider. L'enfant a besoin de sentir son âme clairement invitée à entrer dans sa vie pour pouvoir rester en contact avec elle. Alors seulement, sa vie pourra se modeler et se dérouler plus harmonieusement. Bon nombre de maux et de désagréments seront ainsi évités.

4. 2 Alimentation

Les nouveaux enfants présentent des habitudes alimentaires complètement nouvelles. Par ailleurs, certains passent leur temps à ronchonner pendant les repas. Ils aiment très peu de choses, et les repas réguliers sont un véritable supplice pour eux. C'est ainsi que, dans de nombreuses familles, le réfrigérateur s'est transformé en self-service. Un de leurs aliments favoris semble être le yaourt. De nombreux signes indiquent qu'il est temps pour les parents d'abandonner leurs vieux schémas alimentaires. L'enfant désire décider lui-même du contenu et du moment de ses repas. Il tient, par-dessus le marché, à choisir la manière. Ca n'est pas facile lorsque la table est fraîchement dressée et qu'on aimerait s'asseoir confortablement autour avec toute la famille. Le mieux est de laisser l'enfant indigo manger ce qu'il veut, même si ce doit être la même chose tous les jours. Vous éviterez ainsi bien du stress inutile. Il apprendra ensuite à ressentir intuitivement ce dont son corps a besoin et développera de cette manière un sens de la nourriture. Vous pouvez, à côté, lui donner des compléments alimentaires qui assureront son besoin en nutriments essentiels.

Les enfants sous Ritaline, pour cause d'hyperactivité ou de TDA, n'ont généralement pas d'appétit et refusent souvent d'avaler quoi que ce soit. Leur faim commence à se réveiller en soirée seulement, lorsque l'effet de la Ritaline diminue et que le reste de la famille a déjà quitté la table depuis longtemps. Généralement, ils ont alors une faim de loup. Il est important que les parents comprennent que l'enfant a alors véritablement besoin de nourriture. La Ritaline est réputée pour couper l'appétit. Forcer l'enfant à manger dans la journée est précisément l'attitude à éviter.

L'enfant indigo bien centré sait ce qui est bon pour lui. Il adore sélectionner lui-même ses aliments et il est capable, dès l'âge de 2 ou 3 ans, de dire avec une précision incroyable de quelle manière il désire les manger. Si, par exemple, vous disposez les aliments sur l'assiette jaune de son choix, coupés en petits morceaux de 5 millimètres très exactement, avec la sauce sur le côté et non au milieu... sa majesté indigo videra alors son assiette jusqu'à la dernière miette. Mais malheur à vous si les morceaux ne font pas la bonne taille ou si la sauce est dissimulée sous la purée : vous déclencherez un véritable soulèvement ! Cela frôle parfois la catastrophe : l'enfant envoie balader l'assiette ou vous la lance à la figure.

L'enfant indigo tient également à choisir sa place à table et à désigner qui pourra s'asseoir à côté de lui. Un de ses principaux soucis est de faire partie intégrante de la famille. Il fait parfois toute une comédie pour s'asseoir à table avec vous et partager ce moment avec toute la famille. Mais une fois à table, il arrive qu'il n'ait plus faim, et qu'une demi-heure après à peine, il se plaigne d'être affamé en dictant très précisément ce qu'il veut manger. Et, tant qu'à faire, il exige d'être servi sur-le-champ.

Premièrement, les enfants indigo sont très sensibles par rapport à la nourriture. Deuxièmement, ils mangent souvent la même chose sans que cela ait des répercussions néfastes sur leur santé. Comme nous l'avons déjà vu, bon nombre de ces enfants ont un foie différent du nôtre, ce qui semble correspondre à une adaptation évolutive aux nouvelles habitudes alimentaires de ces derniers siècles. Ce nouveau foie est fait pour digérer les aliments de type « fast-food » sans tomber malade. Dans son évolution, la nature veille toujours à ce que nous nous adaptions, et à ce que l'être humain, les animaux et les plantes « mutent » pour survivre aux modifications de leur environnement.

L'idéal serait de donner à l'enfant des aliments naturels et biologiques le plus souvent possible. Le corps physique est son véhicule, sa connexion à la Terre et au monde de la matière. Il doit être alimenté et nourri correctement. La nourriture naturelle est celle qui se rapproche le plus de la vibration subtile de l'enfant et elle assure une croissance en bonne santé. La plupart des produits alimentaires actuels sont préparés de telle manière que les nutriments ne peuvent plus être assimilés correctement par l'organisme.

Pendant des années, des ouvriers de lumière, thérapeutes et médecins ont expérimenté sur eux-mêmes divers types d'alimentation, ainsi que le jeûne. Ils ont suivi un tas de courants et de théories, mais aucun n'a jamais pu déterminer clairement s'il existe réellement un régime alimentaire idéal unique, valable pour tous. En revanche, ce qu'ils ont pu constater, c'est le lien important qui existe entre la conscience et la façon dont l'organisme traite la nourriture.

L'homme avale une grande quantité d'aliments pour compenser ses déséquilibres émotionnels et psychiques. Exemple typique : vous avez été profondément blessé par quelqu'un, vous êtes déprimé et... vous vous jetez sur le chocolat, la glace ou autre gourmandise. On parle de « nourriture pour le corps émotionnel ». Le chocolat a cette propriété de déclencher, dans le cerveau, la production d'endorphines, ces hormones euphorisantes qui permettent de se sentir mieux et de poursuivre ses obligations quotidiennes.

Les raisons qui poussent une personne à manger sont multiples. Nous ne mangeons pas uniquement pour maintenir notre corps physique en bon état et en vie, mais également pour nous sentir libres, en harmonie et vivants. Mais ce qui compte avant tout, c'est de manger avec joie et appétit, et cela s'applique en particulier aux enfants.

La nourriture absorbée doit permettre de maintenir l'efficacité du système immunitaire. L'enfant doit pouvoir se développer sans problème et en bonne santé, il doit pouvoir écarter toutes les maladies. Admettons que les enfants indigo présentent effectivement des caractéristiques émotionnelles et intellectuelles différentes, que leur ADN est différent du nôtre et que leur « circuit électrique » fonctionne autrement. La logique veut qu'ils aient, par conséquent, également besoin de substances différentes pour nourrir leur corps et le soutenir dans ses millions de processus chimico-biologiques.

Nous n'absorbons en gros que trois substances : de l'air, de l'eau et de la nourriture solide. À un niveau plus subtil toutefois, nous pouvons dire qu'avec la nourriture, nous absorbons des informations dont nous avons besoin pour maintenir notre système en équilibre.

Nous passons un temps considérable à réunir, acheter, cuisiner, mâcher et digérer tout ce que nous mangeons. Or, d'une manière générale, nous avons complètement perdu le contact avec la nourriture, notre rapport originel à sa qualité et à la nature. Nos instincts naturels se sont brouillés. Nous avons complètement oublié que la nourriture constitue aussi de l'information. Une vision davantage matérielle de l'alimentation s'est installée, que nous suivons simplement parce que c'est la seule qu'on nous ait enseignée. Signe évident de ce détraquement : une grande partie de la population, des pays industrialisés principalement, est trop grosse et enchaîne les régimes, tandis qu'ailleurs des gens meurent de faim.

Ces vingt dernières années, de nombreux chercheurs en nutrition ont essayé de donner une nouvelle vie aux anciennes théories mystiques alimentaires. Le Dr Gabriel Cousens, médecin américain très réputé pour ses théories nutritionnelles, écrit dans son livre *Gesundheitliche Ernährung* (= alimentation saine) : « *Le nouveau paradigme dit que la nourriture ne peut plus être définie en terme de calories, protéines, lipides et glucides. La nourriture est l'énergie dynamique qui entre en interaction avec les êtres humains au niveau physique, mental, émotionnel, énergétique et spirituel.* » Dans l'introduction de son ouvrage, il écrit : « *Une alimentation saine et harmonieuse nous permet de mieux nous accorder avec le divin et de communiquer avec Lui. A partir de là, je propose que nous ne vivions plus pour manger, ou ne mangions plus pour vivre, mais que nous mangions pour intensifier notre union avec le divin.* »

À mesure que la fréquence vibratoire de la Terre s'élève, l'organisme humain a besoin d'une nourriture de plus en plus légère et élevée vibratoirement. La tendance générale est aussi clairement à une alimentation moins riche. Beaucoup de gens jeûnent une ou deux fois par an, d'autres vivent même uniquement d'air et d'eau. La vieille croyance qui dit qu'il faut beaucoup manger pour survivre, est dépassée. Elle n'est plus valable, du moins dans les pays industriels occidentaux. Mais à quoi ressemble « le nouveau régime » ? Les maîtres réalisés* et les êtres de lumière supérieurs* disent qu'à l'avenir nous vivrons toujours plus de lumière. Selon eux, nous sommes également sur le point de découvrir comment prolonger notre vie. Il existe encore trop de théories divergentes. Des milliers de nouveaux compléments alimentaires, vitamines et nutriments sont découverts tous les jours et lancés sur le marché. Le secteur connaît un essor sans précédent. Ce simple fait devrait suffire à nous faire prendre conscience qu'un changement cherche à s'imposer.

Il semble que les enfants indigo n'aiment pas les plats sophistiqués. Ils privilégient au contraire les plats simples et rapides. Ils ont besoin d'une alimentation différente de la nôtre pour suivre leur chemin spirituel. Ils mangent moins, mais plus souvent.

Le rituel du repas perd progressivement de son importance. Pourquoi ? Évoluons-nous tous vers des êtres vivant uniquement d'air et de lumière ? Faut-il que nous passions à un régime hyper-nutritionnel ou strictement végétalien ? Devons-nous mettre un terme à l'élevage intensif pour ne plus manger d'animaux ? De nombreuses questions surgissent qui trouveront certainement une réponse à l'avenir. Une chose est sûre : faites confiance à votre enfant et à son intuition. Laissez-le manger ce qu'il veut (dans la limite des possibilités familiales, naturellement).

Une mère raconte : « *Alors qu'il était encore tout petit, mon fils me dictait toujours ce qu'il voulait exactement manger et comment. Je faisais tout pour lui donner une nourriture équilibrée, mais à chaque repas il se rebellait. Après quelque temps, j'ai simplement décidé de lui faire confiance et de le laisser tranquille. Je lui préparais alors ce qu'il voulait. Un jour, il a déclaré qu'il devait boire du Coca, que c'était bon pour lui. Lorsque j'ai commencé à lui expliquer que le Coca est mauvais pour la santé, il m'a dit avec un ton très sérieux : « Maman, c'est vrai, ça n'est pas bon pour toi, tu ne dois pas en boire, mais pour moi, c'est différent, j'en ai besoin pour mon corps. Pour moi, c'est ce qui convient. » J'ai alors à nouveau décidé de lui faire confiance. Aujourd'hui, mon fils a 19 ans et il est en parfaite santé. Il a bu beaucoup de Coca et toujours mangé ce qu'il voulait, dans la limite des habitudes familiales bien sûr. Avec du recul, je suis très heureuse d'avoir opté pour la confiance. Ce faisant, j'ai moi-même appris à être davantage à l'écoute de mes préférences alimentaires et des besoins réels de mon corps.* »

Une autre maman témoigne : « *Depuis des années, je suis la méthode Instincto qui préconise de manger uniquement des fruits et des légumes ayant mûri au soleil, comme les tomates, avocats, noisettes, etc. Tous les jours, nous les sélectionnons au toucher et à l'odeur. Le plus jeune de mes fils s'est également toujours nourri selon cette méthode et n'en connaît pas d'autre. Il a maintenant 10 ans et se porte très bien. Ce qui nous réjouit par-dessus tout, c'est que c'est un enfant très intuitif, très indépendant et confiant, parfaitement centré, avec un haut niveau d'énergie, et cependant parfaitement « normal ». Un jour, alors que nous parlions d'alimentation, il est soudain intervenu en disant : « C'est clair, tu devais d'abord commencer, pour que je puisse ensuite venir sur Terre. Comme ça, tu étais préparée, parce que je m'étais promis, dans cette vie, de me nourrir de fruits et légumes, et comment j'aurais pu le faire sans toi ? »*

Les compléments alimentaires

Puisque notre alimentation de base ne contient plus les nutriments essentiels que sont les minéraux, vitamines, etc., dont nous avons besoin pour rester en bonne santé et en harmonie, il serait judicieux de les prendre en supplément. Vous trouverez ci-après quelques conseils/produits pour soutenir les enfants indigo dans leur croissance. Cependant, une chose doit être bien claire : il n'existe plus de règle générale, chaque enfant doit être aidé et suivi individuellement.

- *Les produits naturels modernes comme compléments alimentaires*

De nombreuses études ont mis en évidence la pauvreté alarmante de nos produits alimentaires en minéraux : 85 % des minéraux censés être présents dans les sols agricoles n'y sont plus. Ce qui veut dire qu'on ne les retrouve plus non plus dans nos assiettes. Aujourd'hui, de nombreuses entreprises produisent des compléments alimentaires destinés à compenser ce manque.

C'est un fait établi que tout ce que l'Homme est capable de faire repose sur des processus biochimiques : la capacité du cerveau à penser, la capacité du système circulatoire à transporter le sang, à approvisionner ainsi tous les organes en substances nutritives et à éliminer les déchets, la capacité du système immunitaire à combattre les infections, etc. Lorsqu'une seule des substances biochimiques nécessaires fait défaut, le fonctionnement du corps n'est plus optimal. Ces substances, nous pouvons toutes les obtenir en mangeant, à condition qu'elles soient présentes dans les aliments. Mais, au fil des siècles, la teneur des produits alimentaires en certaines substances essentielles a considérablement chuté, et ce sont les enfants, qui ont un corps à bâtir, qui en pâtissent le plus. En fonction de l'état et de la personnalité de l'enfant, il serait bon de lui donner chaque jour des compléments alimentaires sélectionnés. Lorsque l'enfant est plus grand, vous pouvez lui demander de déterminer lui-même, selon le ressenti de son corps, quels sont les compléments dont il a besoin, et lui laisser la responsabilité de les prendre ou non.

• *Les algues bleu-vert*

Avec l'algue bleu-vert, également appelée *Aphanizomenon Flos Aquae* ou AFA, l'enfant trouve un complément alimentaire très précieux. Celle-ci est récoltée selon un procédé naturel dans le lac Klamath, en Oregon, aux États-Unis. L'eau de ce lac a un pH basique et c'est le seul endroit de la Terre où l'on trouve ces algues à l'état naturel. Pendant les mois d'été, les algues poussent si vite que des tonnes sont récoltées chaque jour. L'algue bleu-vert a un puissant effet thérapeutique et répond aux besoins subtils des nouveaux enfants.

L'intérêt de cette algue, pour les enfants indigo, n'est pas uniquement sa forte concentration en nutriments essentiels, mais avant tout son effet sur le système nerveux, en particulier sur l'hypophyse*, la glande pinéale* et l'hypothalamus*. Les personnes qui prennent de l'AFA affirment que leur attention et leur concentration se sont améliorées, ainsi que leur résistance intellectuelle et leur mémoire à court et long terme. Elles solutionnent leurs problèmes plus facilement, sont plus créatives, se sentent mieux et davantage centrées.

Avec leurs 3,5 milliards d'années d'existence, les algues appartiennent aux végétaux primitifs et sont à l'origine de la vie sur la Terre. Elles renferment tous les minéraux, acides aminés, vitamines et nutriments dont nous avons besoin pour vivre. Entre autres, elles contiennent 5 fois plus de calcium que le lait, 3 fois plus de protéines que la viande et le poisson, et 50 fois plus de fer que les épinards. Elles ne contiennent ni calories, ni cholestérol.

Chez des enfants qui prenaient régulièrement de l'algue bleu-vert, on a pu constater :

- Qu'ils avaient plus d'énergie, de vitalité et de résistance.
- Qu'ils géraient mieux le stress.
- Que leur système immunitaire était renforcé, si bien que les maladies étaient plus rares ou qu'ils se rétablissaient plus vite.
- Que des améliorations étaient survenues dans les cas de fatigue chronique, de troubles de l'humeur et d'allergie.
- Que leur digestion était meilleure.
- Qu'ils présentaient moins de symptômes psychosomatiques.
- Que leur attention/concentration s'était nettement améliorée.

- Que leur attitude querelleuse et exigeante s'était calmée.
- Qu'ils présentaient moins de signes d'angoisse et de dépression.
- Que leur état émotionnel était plutôt positif.

Les algues bleu-vert ont un puissant effet purifiant et font partie des aliments les plus nutritifs du monde. La fine paroi cellulaire des algues et leur forme moléculaire primitive font que leurs nutriments sont directement assimilables par l'organisme. Les algues ont un effet puissant sur nos systèmes immunitaire et nerveux. Elles sont utilisées comme complément thérapeutique dans les cas suivants notamment : dépression, attention ou mémoire déficiente, irritabilité et troubles du sommeil, autisme, fatigue chronique, anémie, ulcères, hépatite. Les résultats sont convaincants : de nombreuses personnes se sentent déjà mieux au bout de quelques jours de traitement seulement.

- *Les OPC*

De nombreux enfants présentent des comportements ou maux qui sont peut-être dus à une carence en vitamine C et/ou en OPC (oligomères procyanidoliques). Ces troubles sont : TDA, hyperactivité, difficultés d'apprentissage dues à un manque de concentration, léthargie, faiblesse immunitaire, problèmes métaboliques et inflammatoires, allergies, dépression, fatigue, hypersensibilité au temps et à l'environnement/pollution, dermite, psoriasis, saignements de nez, excédent de poids et asthme.

Les OPC font partie des antioxydants les plus efficaces que l'on connaisse à ce jour. Les OPC détruisent les radicaux libres avec une efficacité exceptionnelle, activent et décuplent l'action de la vitamine C, et augmentent ainsi, en fonction, la production d'hormones et de neurotransmetteurs dans le cerveau. De plus, ils aident le système circulatoire à garder des vaisseaux sanguins en bon état. En activant les neurotransmetteurs, les OPC peuvent considérablement améliorer la capacité de concentration et de mémorisation, le centrage et la réactivité de l'individu, et semblent donc tout indiqués pour les enfants souffrant de TDA. En optimisant le taux de calcium, ils permettent aussi de soulager les dépressions. En effet, les neurotransmetteurs ne peuvent être produits en quantité optimale que si la synthèse du calcium s'effectue impeccablement. En outre, les OPC semblent favoriser le bon transport jusqu'au cerveau du zinc, du manganèse, du sélénium et du cuivre, minéraux fort utiles en cas de TDA et d'hyperactivité.

Les proanthénols du docteur Jack Masquelier contiennent des OPC. Marion Sigurdson, psychologue à Tulsa, aux États-Unis, a testé l'action du produit OPC-85 du Dr Masquelier sur des enfants souffrant de TDA et s'est aperçue que ce produit est aussi efficace que la Ritaline.

- *Exemple de cas :* un garçon de 9 ans avait de grosses difficultés d'apprentissage car il ne parvenait pas à se concentrer longtemps. Désormais, un an après que sa mère a commencé à compléter son alimentation par des OPC, ses résultats scolaires sont meilleurs et il éprouve plus de plaisir à apprendre. Aujourd'hui, sa plus mauvaise note est B.

- *Autre cas :* une mère raconte : « *Ma fille souffre de TDA et est allergique à certains aliments. Elle était très fragile, avait des problèmes de langage et de concentration, un comportement difficile et des maux de tête et de ventre. Après trois mois de cure d'OPC, elle n'avait plus ni angoisses, ni troubles comportementaux. Elle fait désormais ses devoirs toute seule et n'a plus mal à la tête ni au ventre.* »

- *Les acides gras essentiels oméga 3*

Les acides gras oméga 3 peuvent également s'avérer utiles pour les enfants hyperactifs et ayant des problèmes d'attention. Il s'agit des fameux acides gras essentiels (acide linolénique et linoléique), que l'on a baptisés ainsi parce qu'ils ne sont pas produits par l'organisme et doivent par conséquent être apportés par la nourriture ou des compléments alimentaires. Ils remplissent un rôle à la fois structurel et fonctionnel dans l'organisme. Une fois absorbés avec la nourriture, ils sont notamment convertis en acides gras oméga 3 EPA (acides eicosapentaénoïques) et DHA (acides décosahexaénoïques). Ces acides gras polyinsaturés sont notamment nécessaires à la construction des parois cellulaires et à leur maintien en bon état. Une quantité insuffisante de DHA, et autres acides gras oméga 3, dans les membranes cellulaires du cerveau peut être préjudiciable aux fonctions cérébrales. Si votre enfant est hyperactif ou distrait, cherchez à savoir s'il présente une carence en acides gras. Apparemment, ces derniers sont surtout efficaces chez les garçons, dont le besoin en acides gras insaturés est plus important que chez les filles. Ces acides gras sont également utilisés en traitement d'appoint dans les cas d'inflammations, d'arthrite, d'asthme et de psoriasis.

D'après le Dr Norman Salem du National Institute of Mental Health, « Certaines huiles de poisson agissent sur notre cerveau et peuvent soulager des troubles comportementaux comme la dépression, l'agressivité, le manque d'attention, etc. »

• *Colloïde d'argent*[1]

Le colloïde d'argent est utile pour toutes les réactions inflammatoires de l'organisme. Comme il ne s'agit pas d'un remède synthétique, mais d'un colloïde naturel, sans substances chimiques ni stabilisateurs, il est idéal pour les enfants indigo. L'argent pourvoit au bon fonctionnement du système immunitaire et peut être pris comme antibiotique, également par les jeunes enfants. Connu pour purifier l'eau, l'argent est utilisé à cet effet depuis fort longtemps. Étant donné qu'il n'attaque pas les tissus fragiles comme le tissu des yeux, vous pouvez également l'utiliser, chez les enfants sensibles, comme spray de premiers soins en cas de coupure, plaie, brûlure, piqûre d'insectes, etc. On l'utilise également souvent en traitement d'appoint en cas de grippe ou de rhume.

Chaque enfant « fonctionne » et vit dans un environnement différent, avec des exigences différentes. Il est donc important de découvrir quelles sont les substances vitales qui lui manquent, afin qu'il puisse guérir vite et se recentrer, ce de manière naturelle et sans effet secondaire.

---

1. Colloïde : solution liquide avec des particules en suspension (solution colloïdale).

4.3 Psychotropes ou traitements naturels ?

Si nous observons les différentes cultures du monde, nous constatons une telle diversité dans les opinions concernant la médecine, la guérison, les traitements chimiques ou à base de plantes médicinales, qu'une confusion peut vite s'installer. Le monde matérialiste occidental a développé un système de santé plus ou moins mécanique. L'être humain est envisagé comme un ensemble de pièces détachées plutôt que comme un Tout. On traite les symptômes de la maladie et non ses causes. Les peuples primitifs considèrent l'Homme comme un Tout et le soignent dans sa globalité : on traite aussi bien son corps que son âme. Dans ce mode de guérison, il s'agit de réharmoniser les sphères physique, émotionnelle, mentale et spirituelle de la personnalité.

Dans nos pays industrialisés, nous avons tendance à solutionner nos maux à l'aide de médicaments uniquement, sans intervenir personnellement. Nous nous montrons généralement satisfaits lorsque la douleur a disparu et sommes peu curieux de découvrir l'origine du problème. La plupart du temps, nous ne sommes pas non plus prêts à abandonner les mauvaises habitudes responsables de nos ennuis de santé.

On ne peut pas dire que les médicaments soient mieux ou moins bien que les remèdes naturels, cela dépend de la situation. Il est important que le soignant, qu'il soit médecin, guérisseur ou psychologue, analyse correctement la situation. La personne qui s'adresse à lui souhaite être envisagée dans sa totalité (avec ses émotions, son intelligence, son esprit et son corps). Elle espère que le soignant s'ouvrira à elle avec amour et trouvera les remèdes qui lui conviennent. Cependant, il n'y a que le malade qui puisse en principe se guérir. Au préalable, il a toutefois besoin d'être éclairé sur son état et sa situation. Ce n'est qu'une fois qu'il a compris les raisons de sa maladie, qu'il peut vraiment décider s'il désire changer sa vie, son attitude et ses habitudes, afin de guérir définitivement.

L'hyperactivité, l'inattention et les autres troubles déficitaires que présentent certains enfants font l'objet de nombreuses discussions et de nombreux livres. Beaucoup d'enfants se voient coller l'étiquette « hyperactif », « distrait », ou autres. Tout comportement inhabituel semble un peu trop vite rangé dans la boîte « hyperactivité et autres syndromes ». On évite ainsi de s'intéresser d'un peu plus près à l'enfant qui sort du lot.

Les enfants indigo hyperactifs se voient souvent prescrire des médicaments forts, à base de méthylphénidate comme la Ritaline (ou encore Adderall, Prozac, Paxil, Zoloft, Luvox). Il semble que les écoles suggèrent souvent aux parents d'administrer des tranquillisants à leur enfant, sous peine de devoir le renvoyer de l'école. Une question s'impose : est-il besoin de donner aux enfants des « drogues psychiatriques » aussi fortes pour qu'ils se sentent mieux ou qu'on puisse avoir la paix ? En prescrivant des remèdes chimiques, n'étouffons-nous pas les signaux que ces enfants essaient d'envoyer à la société ? Une enquête détaillée sur le phénomène indigo ne serait-elle pas plus judicieuse ? Mais dans notre société, l'adage « Compte sur toi seul » est roi, et demander de l'aide sous forme d'une assistance pédagogique ou psychologique, ou d'un accompagnement global, est encore perçu comme une faiblesse.

Lorsqu'un enfant est malade ou que les parents ignorent ce qu'il a exactement, la première chose à faire est d'aller consulter un médecin ou un thérapeute. Si l'enfant indigo est en bonne santé, mais n'est pas bien dans sa peau ou rend la vie impossible à tout le monde, les étapes suivantes sont recommandées :

1. Soyez conscient d'une chose : l'enfant indigo est un cadeau de Dieu. Il désire être accepté, se sentir aimé, que sa famille lui accorde temps et attention. Et il aimerait être entendu, qu'il soit en forme ou malade. Il possède une capacité d'autoguérison insoupçonnable, est capable de sentir très précisément ce qui peut l'aider. Utilisez cette capacité. Il aime tous les remèdes naturels, notamment les extraits et essences aromatiques, les soins musicaux et sonores, les essences florales (fleurs de Bach), etc. Il sent leur fréquence énergétique, peut ainsi entrer en résonance avec eux et découvrir alors ce qui le soulage. Les thérapeutes et les ouvriers de lumière qui travaillent avec ces méthodes globales, reconnaissent et comprennent les enfants indigo. Ils parlent leur langage, reconnaissent leur énergie et savent les appréhender. Les enfants trouvent en eux une oreille attentive à leurs problèmes, émotions, pensées et idées. Souvent, les parents sont surpris de voir comment leur enfant, après avoir parlé une seule fois avec quelqu'un qui le comprend, surmonte alors plus facilement sa situation et

est capable de s'y adapter. (Le chapitre suivant « Médecines parallèles pour enfants indigo » propose une série de traitements parallèles dont un conviendra peut-être à votre enfant.)

2. Si cela fait déjà très longtemps que l'enfant est hyperactif, agressif, distrait, colérique ou en opposition, qu'il a perdu tout contact avec son entourage, qu'il n'est plus ancré dans la Terre, si les parents sont dépassés par la situation et au bout du rouleau, il est indispensable, dans un premier temps, de calmer la situation (au besoin par des médicaments), pour pouvoir ensuite, une fois que le calme est rétabli, choisir la voie qui convient pour l'enfant et sa famille.

3. Lorsque la situation ne presse pas et que l'enfant est jusqu'ici en bonne santé, il est bon que les parents s'informent en détail sur les diverses aides possibles. Renseignez-vous dans tous les domaines : il existe des ouvrages qui décrivent en détail les médicaments chimiques et leurs effets nocifs ; vous pouvez discuter avec des médecins spécialistes, des pédagogues, des psychologues spécialisés dans les troubles TDA et THDA ; vous pouvez demander aux parents d'enfants hyperactifs, ou souffrant d'autres syndromes déficitaires, quelle solution ils ont trouvée ; vous pouvez surfer sur Internet ; vous pouvez écouter votre enfant et discuter de la situation d'égal à égal avec lui, avant de prendre une décision. Avant toute chose, il serait judicieux d'étudier la question en profondeur et de prendre vos responsabi-

lités, avant de décider d'administrer des psychotropes lourds à votre enfant.

Voici quelques déclarations de médecins et de spécialistes qui travaillent depuis de nombreuses années sur la question des enfants et des psychotropes :

- Dr Lawrence Diller, auteur du livre *Running on Ritalin*, a dit : « *Lorsque nous optons pour la Ritaline, cela indique que nous situons les problèmes de nos enfants en priorité dans leur cerveau plutôt que dans leur vie* ».
- Dr Breggin, directeur du Centre d'étude psychiatrique et psychologique de Maryland, aux États-Unis, psychiatre réputé et auteur de nombreux livres sur le pour et le contre de la médecine allopathique (comme *Talking back to Prozac, Talking back to Ritalin, Your Drug may be your Problem*, etc.) écrit : « *Pour beaucoup de parents, la prescription de « drogues » leur permet d'obtenir le soulagement rapide qu'ils recherchent. Mais les comportements sont des signaux qu'il convient d'interpréter et de comprendre, et non de supprimer.* » Il ajoute : « *La Ritaline endommage le cerveau, réduit le flux sanguin, perturbe le métabolisme du glucose et il est vraisemblable qu'elle cause un rétrécissement ou une atrophie durable du cerveau. Les drogues psychiatriques provoquent chez l'enfant psychoses et agressivité qui peuvent conduire à des actes de violence à l'école.* » Le Dr Breggin essaie de faire accepter aux adultes leurs propres responsabilités. Selon lui, il est indispensable que nous nous transformions nous-mêmes, mais aussi notre société, afin de répondre au besoin qu'ont nos enfants d'avoir des rapports intelligents avec les adultes,

d'être inconditionnellement aimés, de bénéficier d'une discipline raisonnable, d'une éducation qui les inspire, qui soit ludique et stimulante.

Suite aux graves actes de violence survenus dans certaines écoles aux États-Unis, le Dr Breggin a engagé des recherches poussées sur leurs causes et a présenté ses conclusions dans son livre *Reclaiming our Children, A Healing Plan for a Nation in Crisis*. Il explique combien les psychotropes sont dangereux et combien il est difficile, pour les enfants, de les arrêter une fois qu'ils ont commencé à en prendre. Ces médicaments rendent souvent confus, agressif, hostile, asocial, distant, nerveux et léthargique. En tant qu'expert médical, le Dr Breggin a souvent été consulté pour ses conseils dans des cas de meurtres d'adolescents dans lesquels des psychotropes étaient systématiquement en cause.

- Dr Nadine Lambert, psychologue à l'Université de Berkeley, États-Unis, affirme : « *Chez les enfants qui prennent de la Ritaline, le risque qu'ils développent un goût pour la cocaïne est trois fois plus élevé (que chez les enfants qui n'en prennent pas).* »
- L'administration nationale anti-drogue américaine, « *Drug Enforcement Administration* », rapporte : « *L'abus de Ritaline s'est accru chez les jeunes. Ils la réduisent en poudre pour la « sniffer », ce qui risque d'entraîner des insuffisances cardiaques.* »
- Dr Richard G. Foulkes, ancien conseiller du ministre de la Santé de l'État fédéral canadien Colombia, a fait la remarque intéressante suivante : « *L'effet de certaines drogues comme la Ritaline et le Prozac est renforcé lorsqu'elles*

sont associées au fluor. L'enfant est sans défense face aux dégâts que peut causer le fluor, ce même avant sa naissance. Le fluor peut notamment être responsable d'un faible QI. Il est en outre probable que, dans l'eau de boisson, le fluor réagisse avec l'aluminium ou avec d'autres substances chimiques, renforçant ainsi les effets de médicaments comme la Ritaline. »

Si l'on prend les déclarations de ces spécialistes au sérieux, il convient assurément de réfléchir à deux fois avant d'opter pour la prescription de médicaments.

Les enfants indigo ont pour mission collective de nous amener à une nouvelle compréhension dans tous les domaines. Les découvertes scientifiques, médicales, biologiques et métaphysiques de ces dernières années se rejoignent. Observons un instant le don exceptionnel des enfants indigo, notamment leur capacité à réconcilier amour et technologie (spiritualité et science) : n'est-ce pas précisément cette combinaison qui nous réserve un avenir en bonne santé et plein de vie ?

Aujourd'hui, il existe de nombreuses méthodes de guérison relativement nouvelles. Cette médecine du XXIe siècle semble spécialement conçue pour les nouveaux enfants et donne de bons résultats. La plupart du temps, ces méthodes impliquent les parents dans le processus de guérison, et toute la famille peut ainsi grandir et évoluer ensemble. C'est justement le but des enfants indigo ! Laissons-nous surprendre.

4.4 Médecines parallèles pour enfants indigo

Depuis des millénaires, il est connu en médecine chinoise que notre vie se compose d'un ensemble de flux d'énergie que nos cinq sens ne perçoivent pas. Au cours des derniers siècles, de nombreuses méthodes de guérison parallèles ont été développées, dont certaines sont issues de traditions orientales ancestrales et d'autres cultures. Elles font appel aux forces de guérison naturelles de l'être humain et les activent.

Les méthodes thérapeutiques globales présentées ci-après travaillent avec les énergies du patient, de son propre corps. Elles n'ont aucun effet secondaire, ne causent aucune douleur et permettent d'obtenir des résultats surprenants. Ces méthodes envisagent l'Homme comme un être divin et l'aident à rétablir l'équilibre et la bonne circulation de son énergie vitale. Ces thérapies reposent sur le principe qu'à toute maladie correspond une cause. Les symptômes sont les tout derniers signes d'une disharmonie entre les différents corps inférieurs. Voici quelques méthodes généralement reconnues de nos jours et présentées dans ce chapitre : kinésiologie, biorésonance, radionique, neurofeedback et fleurs de Bach. La nutrithérapie, la polarité[1], la chromothérapie, l'aromathérapie et l'eutonie sont également utilisées avec succès chez les enfants indigo.

---

1. Forme de thérapie basée sur le travail avec les polarités, les opposés, dans le but de rétablir l'harmonie, l'équilibre entre les extrêmes.

Étant nous-mêmes des êtres biochimiques dont les fonctions reposent sur des processus semblables à ceux qui se déroulent à l'intérieur d'un ordinateur, on peut considérer que tout, dans la vie, repose sur la circulation d'informations. Les essences principales de notre monde sont : la lumière, la conscience, l'amour et l'information. En même temps que nous dirigeons notre conscience sur nos blocages, nous dirigeons également sur eux amour et lumière. L'information circule à nouveau et nous pouvons commencer à ressentir. Le corps émotionnel se purifie des aspérités émotionnelles et retrouve ainsi son énergie de rayonnement qui résulte de la libre circulation des émotions.

La kinésiologie

La kinésiologie est née aux États-Unis, au début des années 60, des découvertes du chiropracteur Dr George Goodheard. Celui-ci a constaté que le fait de renforcer l'« antagoniste » d'un muscle crispé causait la disparition immédiate de la crampe. Ainsi, on n'intervient plus sur le symptôme, mais sur la contrepartie « faiblarde ». Ce principe s'étend à l'ensemble de la kinésiologie.

Le test musculaire est utilisé comme instrument de biofeedback, il donne des indications sur la circulation de l'énergie dans le corps humain, il sert de porte-parole à l'intelligence du corps. À certains endroits, on peut avoir un excès d'énergie, qui peut se traduire par de la douleur, ou un manque d'énergie, qui peut se traduire par de la fatigue. La kinésiologie est une synthèse entre les connaissances expérimentales de l'Orient et les sciences modernes de l'Occident. Elle vise à stimuler les énergies d'autoguérison de notre corps.

John Thie a revu la kinésiologie pour qu'elle puisse être pratiquée par les non-médecins. Ce travail est connu sous le nom de *Touch for Health* (La santé par le toucher). Le but du TFH est de déceler les déséquilibres énergétiques dans le système musculaire, puis de les compenser. Pour cela, on teste les muscles situés à des méridiens spécifiques. Le corps réagit très vite et de façon subtile aux influences extérieures, et le test musculaire est un système de réponses précis. Il ne montre pas uniquement où se situent les causes des déséquilibres physiques et psychiques, mais également ce qui pourrait aider le mieux le malade. Il s'agit d'un procédé thérapeutique idéal pour les enfants indigo. La kinésiologie est utilisée en cas d'hyperactivité, de blocages d'apprentissage, d'inattention, de stress et de maladie chronique, etc.

La kinésiologie est également une méthode préventive qui…

- … soutient le développement personnel et la capacité d'apprentissage en améliorant la collaboration des deux hémisphères cérébraux.
- … améliore la qualité de vie en résolvant les conflits émotionnels inconscients qui occasionnent parfois des troubles physiques.
- … intègre diverses thérapies parallèles comme l'acupuncture, la réduction du stress émotionnel, la guérison par les essences, les couleurs, la nutrition, la réflexologie et plus encore.

Antje Ertl, kinésiologue et mère de deux garçons, explique : « *Les enfants indigo extrêmement sensibles, sont très touchés par le ressenti de leurs parents. Déjà pendant la grossesse, ils réagissent plus fortement aux hormones que leur mère propage dans les situations de stress. Une grande partie des substances (environ 80 %) responsables des réactions allergiques de l'enfant apparaissent, du point de vue kinésiologique, au cours des trois premiers mois de la grossesse. Les 20 % restants, l'enfant les développe plus tard et réagit alors au stress de sa mère. Si la mère est stressée, l'enfant réagit automatiquement. Par exemple, lorsque la mère n'arrête pas de se faire du souci pour son enfant, elle lui pompe ce faisant son énergie. L'enfant n'a alors plus assez d'énergie pour s'autoguérir ou bien travailler à l'école. L'enfant déduit : ma mère ne me fait pas confiance, je ne peux donc pas me faire confiance non plus. Les parents devraient s'assurer que leur enfant est capable de se relever après être tombé. Il suffit que l'enfant s'exerce juste une fois à se relever. En essayant de le faire seul, l'enfant peut être fier de sa performance et gagne en assurance.*

Il est important de bien comprendre que les erreurs sont là pour nous enseigner des choses et nous faire grandir. Lorsque nous faisons quelque chose de nouveau, il est justement normal de commettre des erreurs. Nous devrions nous concentrer sur ce que nous enseigne cette expérience, et non pas chercher à évaluer. Lorsque nous nous lamentons sur les erreurs, l'expérience est déjà terminée depuis longtemps. Il s'agit simplement de constater l'erreur et de se demander « Que pouvons-nous immédiatement modifier ou améliorer ? », et de le faire aussitôt. La kinésiologie dit qu'il nous faut en principe essayer 7 fois de suite, avant de pouvoir se réapproprier cette attitude positive qui consiste à corriger aussitôt son erreur.

Travailler sur les faiblesses peut être très amusant. Ce sont leurs différences qui font que les Hommes sont humains et attachants. Nous ne devrions pas condamner, mais soutenir. D'après la kinésiologie, les enfants qui ne parlent pas, font de l'eczéma ou sont hyperactifs, invitent en réalité les parents à changer de modes de communication. Ils choisissent souvent des « maladies » visibles extérieurement pour réveiller brutalement leurs parents et les sommer de faire attention à eux-mêmes et à leur enfant. Ils veulent être aimés tels qu'il sont. Inconditionnellement !

Les enfants indigo sont des âmes fortes et assument leurs erreurs lorsqu'ils sont correctement guidés. Grâce à leur force, ils sont capables d'éveiller chez leurs parents et leur entourage l'envie de changer, et de les y aider. » (extrait de *Kinesiologie für Gesundheit und Lebensenergie* de Antje Ertl)

Exemple de cas : « *Récemment, j'ai été amenée à travailler avec un père dont le fils a de l'eczéma au visage. La médecine classique lui a notamment conseillé quelques régimes, mais sans succès. Les parents se sont démenés pour l'enfant. Le père a avoué : « Si l'éruption n'était qu'au niveau des fesses, ça ne serait pas si grave, mais le petit bonhomme en a au visage, et tout le monde me fait la remarque ». En travaillant ensemble avec le père, nous avons découvert que c'est sa honte que l'enfant ressent et qu'il est important qu'il soutienne son enfant, même avec de l'eczéma. L'eczéma de l'enfant ne disparaît que lorsque le papa se pose devant lui et accepte ses responsabilités. Le père a reconnu avoir soupçonné quelque chose dans le genre, mais n'avoir jamais osé le dire aux gens.* »

La biorésonance

Le principe de cette thérapie, développée en 1977 par le Dr Franz Morell, est très simple. Grâce à la biophysique, on sait que les processus chimiques à l'intérieur du corps sont gouvernés par un champ d'énergie électromagnétique. Ce champ d'énergie enveloppe et pénètre l'homme dont les vibrations électromagnétiques peuvent être mesurées à l'aide d'un appareil électronique. Pendant la thérapie, ces vibrations sont captées par des électrodes et modifiées. Les ondes se répartissent en vibrations physiologiques (bonnes, normales) et pathologiques (malades, anormales). Les signaux modifiés par la maladie sont ensuite renvoyés au patient par « effet miroir » par l'intermédiaire d'électrodes. Les vibrations malades peuvent ainsi être neutralisées, et le corps peut par lui-même recouvrer la santé. Le patient n'est pas « traité » avec une énergie étrangère mais avec sa propre énergie, qui est, selon les besoins, redirigée, renforcée, diminuée ou retravaillée. Par ce renvoi des vibrations corporelles modifiées par l'appareil, les zones perturbatrices sont éliminées. De cette façon, les forces d'autoguérison sont sollicitées et activées. Cette forme de traitement agit avant tout fortement sur le plan physique. Parfaitement indolore, elle est notamment utilisée dans les cas d'allergie, d'asthme bronchique, les infections chroniques, les douleurs ou d'une manière générale, en cas de tendance infectieuse.

La radionique

La radionique est un système de diagnostic et de traitement à distance qui utilise la capacité humaine de perception extrasensorielle. Elle combine également des instruments spéciaux qui aident à déceler les causes d'une maladie dans un organisme vivant.

La théorie de l'action du rayonnement des objets vivants et inanimés a été établie vers 1900 par le médecin américain Albert Abrams, et perfectionnée, entre autres, par David V. Tansley. Elle est appliquée pour le diagnostic médical et la thérapie. Par l'émission, induite électroniquement, d'ondes appelées ondes scalaires, il est possible, à partir d'une simple poignée de cheveux, d'une goutte de sang ou d'une photo, d'analyser, de traiter et de « guérir » une personne vivant à des centaines de kilomètres.

La radionique est un art de guérison qui puise ses racines dans la médecine du XXe siècle. Elle fait appel au pouvoir supérieur de l'esprit, dont la science commence lentement à reconnaître l'existence. Dans tous les cas, il est important de s'adresser à un praticien expérimenté. L'instrument doit être manié avec précaution si l'on veut obtenir des guérisons.

Une autre branche de la radionique, intéressante et apparemment prometteuse pour les enfants indigo, est l'hologramme radionique Quantum, rendu possible par les logiciels modernes. Cette méthode est la mieux adaptée aux enfants indigo car ces derniers sont souvent en contact conscient avec leur âme et avec d'autres plans subtils. Les troubles sont équilibrés (sans aucun effet secondaire) à un niveau supérieur, et les troubles comportementaux tels que le stress, l'hyperactivité ou l'inattention sont ainsi harmonisés avant qu'ils n'évoluent en troubles physiques. Un autre avantage de ce procédé est que l'enfant n'a pas besoin, pour le traitement, de se déplacer chez des thérapeutes, mais peut rester à la maison.

Par cette méthode, vous pouvez aussi débarrasser votre environnement, votre maison ou les chambres de vos enfants, des perturbations électromagnétiques pathogènes. Elle est notamment utilisée en cas de troubles du comportement, de souffrance mentale et psychologique, de problèmes chroniques en tout genre, d'hyperactivité, de blocage scolaire, de maladie et blocage physique, de choc et traumatisme, ainsi que pour réveiller le potentiel intérieur.

Le neurofeedback

Le neurofeedback est un procédé moderne qui repose sur les réactions (feed-back) du cerveau. Inspiré de la technique de l'électroencéphalogramme, ce procédé permet de pénétrer dans la conscience. L'activité cérébrale est rendue perceptible visuellement et acoustiquement en projetant les ondes cérébrales sur un écran d'ordinateur à l'aide de capteurs et de programmes informatiques spéciaux. Ainsi, il est possible de mesurer l'activité cérébrale et de l'influencer par des vibrations énergétiques. Cette méthode rend chaque pensée, chaque ressenti et chaque blocage émotionnel visible, ce qui permet de rééquilibrer ces derniers aussitôt. Le but du neurofeedback est d'harmoniser le spectre de fréquence, d'entraîner la résistance et d'augmenter la flexibilité du système nerveux central.

Le neurofeedback permet aux enfants indigo d'apprendre à mieux se connaître eux-mêmes, à influencer positivement et à contrôler de façon ludique leur conscience, leurs pensées, leur perception et leurs émotions. Il stimule l'autoguérison du corps. Les schémas comportementaux gênants sont ainsi dissous et transformés en schémas positifs. Par le neurofeedback, des domaines de fréquence précis de l'activité cérébrale électrique peuvent être spécialement entraînés et développés.

Le neurofeedback est notamment utilisé en cas de stress, de problème de concentration ou de mémorisation, de troubles de l'apprentissage et d'hyperactivité, pour rétablir la symétrie entre l'hémisphère droit et l'hémisphère gauche du cerveau, encourager la créativité, modifier les états de conscience et pour la visualisation.

Les fleurs de Bach

Cette thérapie florale a été mise au point en 1928 par le Dr Edward Bach. Ce dernier a découvert que certaines fleurs agissent sur le corps physique, émotionnel et psychique et il a associé en tout 38 fleurs, arbres et arbustes à des phénomènes déterminés.

E. Bach décrit les choses ainsi : « Certaines fleurs sauvages, certains arbres et arbustes d'un ordre supérieur ont, du fait de leur vibration élevée, le pouvoir d'élever nos vibrations humaines et d'ouvrir nos canaux pour les missions de notre Être spirituel, de sublimer notre personnalité et de nous rapprocher de notre âme. Ils nous apportent ainsi la paix et nous délivrent de nos souffrances. » (extrait de *Manuel complet des quintessences florales du Dr E. Bach* de Mechthild Scheffer, Le Courrier du Livre).

Les enfants surtout réagissent très positivement à ce remède doux que sont les fleurs de Bach, car elles les aident à se trouver eux-mêmes et à affirmer plus consciemment leur être véritable.

Chapitre 5 :

Un test indigo à faire chez vous

De l'ensemble des informations et des témoignages que j'ai récoltés, ainsi que de mon expérience personnelle avec les enfants indigo, j'ai pu tirer un certain nombre d'observations les concernant, observations que j'ai triées par tranche d'âge pour former le test ci-après. Ce premier test vous aidera à déterminer si votre enfant est un enfant indigo ou si l'indigo apparaît seulement comme sa couleur secondaire.

Dans un souci de précision, ce test a été divisé en trois tranches d'âge distinctes. Parcourez la liste de caractéristiques comportementales ci-après et évaluez votre enfant pour chaque type de comportement. Lisez attentivement chaque description et donnez pour chacune la note qui convient. Il est important que le comportement décrit ne soit pas seulement occasionnel, mais régulier et qu'il persiste sur une longue période. Ce comportement doit également être prononcé par rapport à ses camarades du même âge et ayant des conditions de vie semblables aux siennes.

Selon moi, un test devrait toujours être effectué sur un maximum d'enfants avant de pouvoir tirer des conclusions et de pouvoir parler d'une proportion officielle. Ce sera sans doute possible à l'avenir, lorsque nous nous intéresserons de plus près aux enfants indigo.

Utilisez le système d'évaluation suivant pour vos réponses :
0 = jamais
1 = parfois (comportement que l'on remarque tout juste)
2 = souvent (comportement suffisamment fréquent pour frapper l'entourage proche)
3 = très souvent (comportement si fréquent qu'il influence durablement la vie de l'enfant)

De 0 à 5 ans	***Évaluation***
• Il a souvent des douleurs physiques au réveil, car il aurait préféré rester « dans son monde ».	0 1 2 3
• Il a besoin de très peu de sommeil et déborde d'énergie.	0 1 2 3
• Il a quelque chose de différent par rapport aux autres enfants.	0 1 2 3
• Il ne se laisse pas impliquer émotionnellement dans une situation.	0 1 2 3
• Il traite les objets comme s'ils étaient vivants et comme s'il risquait de leur faire mal.	0 1 2 3
• Il a énormément besoin de se sentir protégé et à l'abri, et voudrait rester toujours dans la même pièce.	0 1 2 3
• Il est extrêmement sensitif et intuitif. Il sait souvent à l'avance ce que vous allez dire.	0 1 2 3
• Son premier mot fut « non » et c'est son mot le plus fréquent.	0 1 2 3

• Il joue souvent avec des amis invisibles qu'il perçoit réellement.	0 1 2 3
• Il veut toujours être près de ses parents et réclame une attention constante.	0 1 2 3
• Il lui arrive de s'ennuyer profondément.	0 1 2 3
• C'est un vrai solitaire.	0 1 2 3
• Il sait exactement ce qu'il veut et se laisse difficilement dissuader.	0 1 2 3
• En âge de parler, il commence à bégayer car les mots ne lui viennent pas assez vite.	0 1 2 3
• Il dit des choses, qu'il est impossible qu'il sache en réalité, avec une grande conviction.	0 1 2 3
• Il communique avec les animaux, les plantes et les pierres.	0 1 2 3
• Il a des dons médiumniques et sent ce qui est « vrai ».	0 1 2 3
• Il voit, avec sa vision intérieure, des images, couleurs et formes qu'il ne peut pas vraiment expliquer.	0 1 2 3
• Il se souvient d'expériences de vies antérieures.	0 1 2 3
De 6 à 10 ans	
• Il n'a pas les mêmes habitudes alimentaires que vous ; il sait exactement ce dont il a besoin et ce qu'il veut manger.	0 1 2 3

• Il est sans cesse stimulé, déborde d'une énergie difficilement contrôlable.	0	1	2	3
• Il est souvent trop fatigué pour se lever, s'habiller, aller à l'école. En bref, trop fatigué pour tout.	0	1	2	3
• Il est inattentif, distrait, pas concentré.	0	1	2	3
• Les injustices le rendent malade.	0	1	2	3
• Il ne réagit pas aux culpabilisations.	0	1	2	3
• Il se montre tolérant envers tous et envers tout.	0	1	2	3
• Il a peu peur pour lui-même, mais peut avoir très peur pour les autres.	0	1	2	3
• Il vous pousse quotidiennement à bout, émotionnellement et mentalement/psychologiquement.	0	1	2	3
• Il est extrêmement sociable, discute avec tout le monde, en tout lieu et à tout moment.	0	1	2	3
• Il a une tendance solitaire.	0	1	2	3
• Il préfère la compagnie des adultes à celle des enfants de son âge.	0	1	2	3
• Dans toutes les situations, il recherche l'amour, la justice, la tolérance, le non-jugement.	0	1	2	3
• Il proteste à chaque occasion et fait preuve d'une forte détermination.	0	1	2	3
• Il ne se laisse pas enfermer dans les principes et croyances dépassés.	0	1	2	3

• Il est difficile à dompter, se considère comme un(e) prince(sse) et désire être traité comme tel.	0 1 2 3
• Il préfère connaître la vérité, plutôt que n'importe quel mensonge.	0 1 2 3
• Souvent, il se sent incompris des autres enfants et des adultes.	0 1 2 3
• Notre monde matériel est pour lui trop simple, trop ennuyeux.	0 1 2 3
• Il adore les conversations intenses, subtiles et profondes.	0 1 2 3
• Il a un effet de guérison sur les gens, les soulage.	0 1 2 3
• Il n'est pas vraiment connecté à la « réalité » matérielle.	0 1 2 3
• Il comprend les relations humaines et spirituelles.	0 1 2 3
• Il est très loyal et fidèle vis-à-vis de sa famille et de ses amis proches, comme s'il comprenait qu'ils sont liés pour l'éternité.	0 1 2 3
• Il lui arrive souvent de ne pas se sentir à sa place sur la Terre et de dire : « J'aimerais retourner d'où je viens. »	0 1 2 3
De 11 ans à l'âge adulte	
• Impossible de l'affoler, quoi que vous fassiez.	0 1 2 3

• Il a un grand besoin de mouvement. Il bouge sans arrêt lorsqu'il apprend, ou est hyperactif.	0 1 2 3
• Il fait souvent des allergies et/ou de l'eczéma.	0 1 2 3
• Il est parfois épuisé pendant de longues périodes et n'arrive pas à récupérer.	0 1 2 3
• Il n'est souvent pas assez ancré, il rêve, plane.	0 1 2 3
• Il est capable d'argumenter en restant de marbre, logique et sûr de lui.	0 1 2 3
• Il n'accepte pas qu'on le punisse, mais se punit lui-même.	0 1 2 3
• Il est extrêmement sensible et passionné, mais aussi fort et indépendant.	0 1 2 3
• Il se sent spirituellement « en avance » sur les autres enfants, et plus créatif.	0 1 2 3
• Il se montre fort dans les situations difficiles et donne du courage aux plus faibles.	0 1 2 3
• Il souffre de la superficialité dans les rapports humains.	0 1 2 3
• Il exige des idées et des positions claires de la part de ses semblables.	0 1 2 3
• Il tient à être traité comme un membre à part entière de la famille.	0 1 2 3
• Il fait généralement ce qu'il estime lui-même être juste.	0 1 2 3

• Il ne tolère pas que vous preniez des décisions pour lui, sans l'informer auparavant.	0	1	2	3
• Il refuse presque tout ce qu'on lui dit et fait la sourde oreille.	0	1	2	3
• Il est ouvert aux propositions intègres et suggestions sincères.	0	1	2	3
• Il aimerait que vous lui demandiez son avis et son approbation.	0	1	2	3
• Il comprend mieux les concepts spirituels que les matériels.	0	1	2	3
• Il vit intérieurement selon des idéaux et principes spirituels supérieurs.	0	1	2	3
• Il a conscience des missions de sa vie et a hâte d'être adulte pour les mener à bien.	0	1	2	3
• Il sait que l'énergie spirituelle est présente en toute chose, que tout est Un et que nous sommes reliés les uns aux autres.	0	1	2	3

Si vous avez coché une majorité de 0 et de 1, vous pouvez supposer que votre enfant n'est pas un enfant indigo. Parfois, il peut lui arriver d'avoir un comportement proche de celui des enfants indigo, mais c'est rare.

Si vous avez coché essentiellement des 2, votre enfant est probablement venu au monde avec une « couche » indigo par-dessus sa couleur principale. Dans ce cas, il présente de nombreuses caractéristiques de la couleur et de la personnalité indigo. Il s'agit d'un véritable enfant du nouvel âge et il aide l'humanité à réaliser la transformation du nouveau millénaire. Il ne s'agit toutefois pas d'un enfant indigo à 100 %.

Si l'évaluation 3 revient très souvent, vous pouvez vous dire que vous avez un « pur » enfant indigo dans la famille.

Dans le cas des enfants avec une majorité de 2 et de 3, il est très important que vous preniez le temps de réfléchir à ce que cela signifie pour vous, en tant que parents. Élever un enfant du nouvel âge est un devoir important, qui peut s'avérer très prometteur si vous savez l'aborder de façon consciente. Imaginez un instant que tous les parents d'enfants indigo aient le courage de laisser grandir leurs enfants sans aucune peur, aucun traumatisme, aucune culpabilité ni agressivité, et que dans 20 ans, ces enfants prennent la tête de nos gouvernements et autres postes à responsabilité. Prenons conscience du monde merveilleux qui s'ouvrirait alors à nous dans un avenir tout proche !

Chapitre 6 :

Une transformation sous le signe de l'indigo

6.1 Les processus de transformation à travers le monde.

Nous vivons à une époque où la vie sur Terre ne cesse de se déséquilibrer toujours plus. Nous vivons dans un monde qui place le pouvoir et l'argent avant l'amour et le contentement. Ces dernières années pourtant, ce même monde a commencé à s'effriter. Les religions, les gouvernements et autres instances perdent leur crédibilité et, par là même, leurs membres et supporters. Nos systèmes de valeur dévoilent leur vide. Seule une minorité de gens est vraiment heureuse et a conservé ses rêves, la majorité est perturbée. À force de compromis et de refoulements à de nombreux niveaux, l'humanité a perdu son respect pour elle-même et son lien avec la nature. Nos relations sont souvent plates et superficielles, trop commandées par l'orgueil, la jalousie, les reproches et l'intérêt. À la place de l'amour règnent la convoitise et l'égoïsme. Beaucoup n'ont plus le courage d'entrer dans une intimité profonde, jouent leur rôle et oublient leur rêve d'une vie « sur la Terre comme au Ciel ». Les parents remettent leurs rêves à plus tard, attendant d'avoir fini d'élever leurs enfants, pour souvent s'apercevoir ensuite qu'ils sont entre-temps devenus trop vieux pour les réaliser.

Notre contact avec notre être profond, le Soi supérieur*, l'étincelle divine, s'est étiolé. Nous ne faisons jamais appel à l'aide du monde subtil, pour la simple et bonne raison que la majorité d'entre nous ne croyons pas en son existence. Notre vie en société est rarement orientée vers une vraie qualité de vie. Nos commerces regorgent de marchandises dont nous n'avons pas vraiment besoin, un grand nombre de produits alimentaires ne sont pas sains, ont été irradiés ou sont infestés de pesticides et de conservateurs. Nombreux sont ceux qui, dans leur vie, ressentent un vide qu'ils essaient de combler par des distractions extérieures et des objets matériels. Certes, nous nous efforçons de rétablir le contact avec notre propre corps, contact que nous avons perdu depuis longtemps, mais nous ne savons plus être vraiment à son écoute, et ne sommes donc pas non plus à même de l'enseigner à nos enfants.

Nous vivons actuellement dans un monde illusoire mais, au plus profond de nous-mêmes, le désir de paix et d'amour n'a jamais cessé de grandir et a pourvu à un tournant au niveau des plans subtils. Nous savons que nous vivons actuellement une période charnière importante. Au cours des siècles derniers, suffisamment de signes ont montré que l'humanité était prête à choisir la voie qu'elle désirait depuis longtemps emprunter.

Au lendemain de la Seconde Guerre mondiale, l'Europe a connu un véritable « baby-boom ». Des êtres nouveaux ont commencé à venir sur Terre afin d'introduire une nouvelle ère. Cette génération est à l'origine des manifestations de 68, elle a égratigné bon nombre de structures en place et fut un précurseur dans tous les domaines. Elle a initié un grand bouleversement sur la Terre. Les hippies et autres communautés ont semé les graines du changement. Qu'il s'agisse de nouvelles formes de vie en société, de musique, de mode ou d'alimentation, cette génération était toujours présente pour tester et explorer de nouvelles choses. Au milieu des années 50, de nombreux « guérisseurs et guides » sont également nés pour venir en aide à l'humanité. Ensemble, ces deux groupes (précurseurs et guérisseurs / guides) ont contribué à élever la fréquence vibratoire de la Terre.

Au mois d'août 1987 une activation planétaire massive, appelée convergence harmonieuse, a eu lieu. Sept planètes se trouvaient dans le signe du feu et de nombreux êtres spirituels avaient pressenti que si une quantité suffisante de gens se réunissait alors dans les anciens lieux saints, mère Terre réagirait à leur conscience et à leur créativité. Ce tournant a ramené l'humanité à la source. Des centaines de milliers de personnes du monde entier ont été touchées par cette activation planétaire et ont commencé à s'éveiller. Une vague incroyable de théories et d'ouvrages spirituels, de groupes, séminaires, ateliers et de cours a soudain déferlé. Partout dans le monde, des gens se sont éveillés et ont commencé à se rappeler leur potentiel intérieur.

Cet instant clé, les Mayas et les Aztèques l'avaient prédit dans leur calendrier. La configuration planétaire et astrale qu'il fallait pour entraîner une activation de conscience globale était présente. Le calendrier maya* dit également qu'en 2012, nous arriverons à la fin d'un cycle de 26 000 années, un tournant d'une signification capitale dans notre ère.

Ces modifications mondiales occasionnent une lente transformation de l'ADN humain, qui fait qu'à l'avenir nous aurons des capacités encore plus grandes qu'aujourd'hui. De nombreux enfants indigo viennent au monde avec un ADN différent de celui des générations précédentes. S'ils ont réellement un plus grand nombre de brins d'ADN d'activés, il est alors fort probable que ce que les chercheurs appellent « mutation spontanée » (modification génétique soudaine) aura lieu. Nous assisterons alors au retour de la Terre dans le champ énergétique féminin, intuitif, de parfait amour et de compassion, et une vie en parfaite liberté d'esprit sera alors possible.

Étant donné que les portes énergétiques s'ouvrent d'abord sur les plans subtils, il a fallu quelques années avant que cette ouverture devienne manifeste dans les plans physiques inférieurs. En 1989, il était clair pour beaucoup qu'un changement avait réellement eu lieu chez de nombreux individus. Notre regard sur le monde commençait à changer. (En Allemagne, on a notamment assisté à la chute du mur de Berlin.) Depuis 1992 nous croulons littéralement sous les messages extrasensoriels d'entités subtiles et sous les philosophies New Age*. Cela s'est produit de façon si concentrée, que pour certains les arbres leur cachent désormais la forêt.

Il reste néanmoins que la Terre nous offre aujourd'hui une possibilité réelle d'élever notre conscience, de retourner à la source, de nous sortir de la dualité*, chose à laquelle l'Homme aspire depuis longtemps et dont il ne pourra faire l'expérience que s'il intériorise les enseignements spirituels. L'heure est venue de nous libérer des vieilles croyances et du passé. Nous avons mérité cette élévation de fréquence énergétique et il s'agit maintenant de continuer à évoluer. C'est pour nous y aider que les enfants indigo sont venus jusqu'à nous. Ils sont notre cadeau, nous avons mérité leur présence. Comme de véritables maîtres spirituels, ils nous guideront à travers le processus d'élévation.

Notre planète entre actuellement dans une ère de transformation au cours de laquelle le Soi supérieur doit être activé afin qu'il s'éveille et qu'une nouvelle conscience puisse apparaître. Il faut bien comprendre que, pour s'éveiller, il ne s'agit pas de suivre et de copier quelqu'un, mais de devenir Un avec la conscience christique, avec ce qu'on appelle Dieu. Des êtres de cultures et de religions différentes se rejoindront par des chemins différents et ne seront plus séparés. En consolidant notre relation individuelle avec la conscience christique, nous générons unité et harmonie. L'unité signifie que chaque être sera si fort qu'il pourra à la fois respecter sa propre individualité et accepter tous les autres « visages » de l'éternel. Chaque existence humaine a une raison divine. Chaque être vivant est venu sur Terre de son plein gré, parce qu'il l'a voulu.

Pour que l'ensemble du plan divin puisse se réaliser, il est avant tout important que chaque individu apprenne à s'épanouir complètement dans sa propre divinité. Chaque être est comparable à une pièce de puzzle et a sa place dans le Tout. Se réaliser soi-même, conformément à sa propre programmation spirituelle, est le devoir de tous. Et nous bénéficions pour cela de toute l'aide de l'univers. Chaque être a une fréquence qui lui est propre, chante son propre air, compose, au cours de sa vie, sa propre chanson. Si nous apprenons, adultes et enfants, à unir nos chansons, nous entendrons alors retentir un gigantesque chœur parfaitement harmonieux.

6.2 Les missions spirituelles des enfants indigo

Les missions spirituelles des enfants nouveaux et indigos sont variées et difficiles. Ces enfants sont encore jeunes à l'heure où je rédige ce livre. Ils doivent d'abord grandir, développer et construire leur individualité, leur personnalité afin de pouvoir, une fois adultes, assumer physiquement et au grand jour leur véritable mission. Naturellement, leur champ énergétique unique et leurs vibrations élevées si caractéristiques constituent déjà en soi une part importante de leur mission. Il leur reste néanmoins encore bien plus à accomplir sur cette planète.

Les nouveaux enfants sont notre avenir. Ils sont là pour nous aider à dissoudre les problèmes de la dualité, afin que nous puissions atteindre une vibration d'amour plus élevée. Alors seulement, nous pourrons ensemble, main dans la main, transformer la Terre en une planète à nouveau saine et verte, sur laquelle tous les peuples pourront vivre en paix et dans l'amour. Vos enfants et petits-enfants sont bel et bien les pacificateurs de demain. Une de leurs principales tâches consiste à initier une transformation sur la Terre, à nous ouvrir les yeux sur le fait que bon nombre de choses que nous acceptons, bien qu'en réalité nous ne les aimons pas, appartiennent à des systèmes surannés dont nous n'avons plus besoin dans cette nouvelle ère. La question de la démocratie et de l'égalité des droits, et de leur respect, devient plus importante que jamais. Une paix mondiale nouvelle, embrassant vraiment tout le monde, tous les pays, tous les peuples et tous les êtres, doit être rétablie sur la planète. C'est le vœu que nous portons tous en notre cœur, jeunes et vieux, petits et grands, blancs, noirs et jaunes, enfants indigo et adultes...

Les principales missions spirituelles des enfants indigo

- Aimer tous les êtres humains inconditionnellement, afin que règne à nouveau sur la Terre un amour « sans conditions ».
- Par leur fréquence élevée, offrir à l'humanité et au monde l'occasion d'élever leur vibration.
- Répandre la tolérance sur Terre.
- Employer leurs dons médiumniques afin que l'humanité considère à nouveau la médiumnité comme naturelle et normale.
- Nous enseigner que tout doit contribuer au bien-être optimal de l'individu et du groupe.
- Révéler à l'humanité qu'il existe des familles d'âmes*.
- Aider leurs parents à entrer en contact avec leur propre spiritualité.
- Aider l'humanité à jeter ses croyances dépassées par-dessus bord.
- Introduire sur Terre de nouveaux modes de guérison.
- Convaincre l'humanité d'assumer ses responsabilités pour tout ce qui se passe dans sa vie.
- Nous enseigner que la matière épouse nos pensées, autrement dit que nos pensées créent le monde et que, par conséquent, nous avons chaque jour le pouvoir de modifier le monde.
- Aider les Hommes à retrouver le contact avec leur Soi supérieur et donc avec leur intuition.

6.3 Les facultés des enfants indigo

Les facultés spirituelles des enfants indigo sont, bien entendu, étroitement liées à leurs missions, mais elles dépendent davantage de chaque enfant et de ses conditions de vie. Si leurs missions spirituelles sur Terre sont plutôt collectives, les capacités individuelles varient d'un enfant indigo à un autre. Chaque enfant doit remplir sa mission de vie dans l'environnement particulier qui est le sien.

Bien que leurs dons soient divers et variés, ils ont les suivants en commun :

- Ce sont de vrais guérisseurs. Leur toucher permet aux autres de retrouver harmonie, sérénité et détente.
- Ils ont une immense capacité d'amour. Ils rayonnent parfois tant d'amour que l'on se sent aussitôt mieux à leur contact.
- Ils saisissent vite les concepts abstraits et agissent ensuite.
- Ils ont une forte conscience intérieure du sens réel de la vie. Ils discernent ce qui est juste de ce qui ne l'est pas, et vont toujours vers ce qu'ils ressentent comme juste.
- Ils communiquent facilement avec tous les êtres vivants, avec les animaux, les plantes et les pierres, et ils reconnaissent en eux la vie, l'âme.
- Ils ont cette capacité de vivre et de tout voir sans frontières ni séparation (entre les choses).
- Ils voient et cherchent à voir le bon en chacun, car ils sont conscients que tous les êtres sont issus du divin. Ils tiennent tout simplement à aimer tout le monde.

- Dès leur plus jeune âge, ils utilisent inconsciemment leur fréquence élevée dans un but précis : ils s'approchent par exemple d'adultes ou d'enfants dont ils sentent qu'ils ont besoin d'énergie.
- Ils s'inquiètent des autres, s'emploient pour la justice et tentent, par leur objectivité, d'instaurer la paix.
- Ils maîtrisent la communication subtile : très ouverts, ils communiquent par l'intuition, les transferts d'énergie et la transmission de pensées.

Lorsqu'ils seront plus vieux, les enfants indigo travailleront normalement dans tous les secteurs professionnels. Ils ont ce pouvoir d'ériger des ponts entre la spiritualité et la science. Par ailleurs, les découvertes récentes dans le domaine de la communication (Internet et les télécommunications) semblent spécialement conçues pour eux. Leur mentalité, leurs idées et leur créativité vont enrichir, guérir et transformer notre société. S'ils parviennent à répandre sincérité et loyauté à travers le monde, nous disposerons alors d'une nouvelle base pour poursuivre notre croissance spirituelle. La globalisation du monde pourrait ainsi progresser plus rapidement, tandis que les hommes trouveraient sur terre davantage de sérénité, de paix, de joie et de plénitude, en vivant les uns avec les autres, et non pas les uns contre les autres. Quelle joie à l'idée de lâcher ces enfants dans notre monde dans une vingtaine d'années !

6.4 *Pourquoi les enfants indigo arrivent-ils en ce moment ?*

Les enfants nouveaux arrivent sur la planète à la fin du XXe siècle et au commencement de l'ère du Verseau. Depuis 1987 l'humanité, en collaboration avec de nombreux maîtres spirituels et êtres de lumière, se prépare intérieurement à un processus de transformation. Si l'on en croit les vieux écrits, il s'agit d'un processus gigantesque qui atteindra son premier point culminant en 2012.

Il est dit que ces dernières années le temps a commencé à s'accélérer. Il serait en train de converger sur lui-même. Et cela semble mesurable. Il arrivera un moment où le temps aura atteint une telle vitesse que nos pensées se matérialiseront immédiatement. Certes, nos pensées se matérialisent déjà. Toutefois, le temps s'écoule encore trop lentement, si bien que généralement nous ne nous rappelons pas qu'un jour nous avons, par notre pensée, créé la situation dans laquelle nous nous trouvons aujourd'hui.

La fréquence énergétique des êtres humains, de la Terre et de notre temps subit actuellement un processus de transformation magistral pour atteindre la vraie spiritualité. En outre, il devient de plus en plus évident que la compassion et l'amour pour nous-mêmes et notre prochain, que nous sommes en train de réapprendre à exprimer, activera automatiquement des brins d'ADN supplémentaires, tandis que des ajustements auront parallèlement lieu dans le système immunitaire. Jusqu'à présent, ce système immunitaire fonctionnait de manière très polarisée, en percevant le Soi comme étant opposé aux autres. Il travaillait à protéger le Soi contre tout envahisseur hostile. Actuellement, ce qui se passe, c'est que grâce au processus d'élévation* le Soi peut enfin se libérer et faire l'expérience de la coopération et de l'acceptation, plutôt que de la compétition. Offrons à notre potentiel intérieur l'attention qu'il mérite. Nous aurons alors le pouvoir de tout changer dans ce monde. Nous serons alors capables, tous ensemble, de faire descendre sur Terre le paradis tant désiré, de le transformer en réalité dans notre vie.

6.5 Quelques messages spirituels

L'humanité a conclu un accord spirituel avec les enfants indigo

Dans ce chapitre, j'aimerais retranscrire quelques messages spirituels que j'ai reçus de plans supérieurs correspondant aux enfants indigo. Nous autres, êtres humains, avons la possibilité de récolter des informations à différents niveaux : nous pouvons les lire dans les livres ou les journaux ; nous pouvons les entendre de la bouche d'autres personnes lors d'une conversation, d'une conférence, etc. ; mais nous pouvons également recevoir des messages issus des plans subtils, c'est ce que qu'on appelle la « canalisation* », *channeling*. Les messages retranscrits ci-après, je les ai reçus de l'énergie collective du plan subtil des enfants indigo. Ils sont à la deuxième et troisième personne du pluriel (« vous » et « ils ») : des êtres pas encore nés nous parlent de leurs frères et sœurs déjà incarnés :

L'ère des enfants indigo

Nous vous aimons et nous réjouissons de voir que les enfants nouveaux, ces êtres rayonnants, sont enfin nombreux à rendre visite à votre douce planète. Auparavant, les choses étaient différentes. En arrivant sur terre dans notre temps linéaire, les enfants, les fameux précurseurs, trouvaient un environnement rigide et ils étaient généralement contraints de suivre leur voie en cachette, sans le soutien du monde extérieur. Cette époque est désormais révolue. Les nouveaux enfants s'apprêtent à se propager et à se manifester aux quatre coins du globe et ... ils vont faire du bruit.

Les modifications planétaires sont en train d'accélérer les processus vitaux. Et un processus de transformation, pour ne pas dire de mutation, a actuellement lieu. La vie est faite de transformation et de mouvement. Rien de nouveau là-dedans. Mais une transformation plus importante, inconcevable jusqu'à ce jour, est désormais devenue possible. Cela a influencé de façon déterminante la nature des enfants qui ont commencé à s'incarner à la fin des années 80. Les enfants sont votre avenir. Ils sont vos guides et conseillers. Ils vont vous conduire à travers les difficultés de la dualité vers une vie de paix et de joie. Ces enfants sont venus faire un don inestimable au monde, un immense cadeau : un niveau d'amour et de conscience, qui était jusqu'ici impossible parce que le niveau d'énergie vibratoire de la planète n'était pas suffisamment élevé. Ces enfants sont la prochaine vague, ils sont vos maîtres et professeurs. Une fois adultes, ils engendreront des enfants présentant une énergie vibratoire encore plus élevée et baptisés « les défenseurs de la paix universelle du nouvel âge ». Ils constitueront une vague considérable de guides pour la planète.

Soyez attentifs à la prochaine génération d'enfants, ce sont des êtres de lumière très évolués, ils viennent pour servir l'humanité et rayonnent une joie et un amour immenses. Ils apportent avec eux une grande sagesse spirituelle et vous introduiront dans la phase suivante de votre évolution, si toutefois vous acceptez de les laisser vous aider. Ouvrez-vous et saisissez cette opportunité, vous l'avez tant désirée ! Lâchez prise ! Il s'agit du plan que vous avez établi avec eux avant votre incarnation sur terre. Réveillez-vous et laissez ce plan se dérouler. Rappelez-vous que les vieilles structures ne conviennent pas à ces enfants. Ne les forcez pas à s'y conformer, vous les conduiriez au désespoir. Ils viennent au monde avec un nouveau codage au fond de leur être. La vie sur terre est, de ce fait, une expérience complètement différente pour eux. Rappelez-vous que si ces enfants sont certes nés de votre chair, ils ne vous appartiennent pas ! Ils ont besoin de règles et de lois différentes de celles dont vous aviez besoin lorsque vous aviez leur âge. Leur vibration est plus subtile et plus élevée que la vôtre au même âge. Comme tout être humain, vous avez l'habitude de reporter vos propres rêves et vos espoirs sur vos enfants. Ne faites surtout pas ça ! N'espérez pas voir ces enfants réaliser vos rêves, ils n'en feront rien. Ils ont leurs propres rêves, et ce sont eux qu'ils réaliseront.

Il est important que vous autres parents preniez conscience du caractère unique de ces enfants. Ils viennent à nous avec leurs propres dons, avec leurs propres programmes, rêves et potentiels. Chacun d'eux a une personnalité bien à lui.

Chaque enfant est venu sur cette planète pour développer son potentiel et commencer son « service ».

Il se peut qu'ils vous rendent malheureux. C'est pourquoi nous vous adressons le message suivant : acceptez qu'ils soient venus pour introduire un changement sur cette planète, et que tout changement est douloureux puisqu'il faut d'abord renoncer à l'« ancien » pour permettre au nouveau d'arriver. Ce n'est qu'une fois que l'ancien est détruit que le nouveau peut s'installer.

Ces enfants arrivent avec des missions et des tâches bien particulières, et bien qu'ils découvrent très tôt une grande part du savoir enfoui en eux, un voile subsiste encore pour eux entre les plans physique et spirituel. Votre devoir est de les soutenir et de les encourager à faire ce qui est juste. Ils ont besoin de votre expérience et de votre accompagnement. Dans un certain sens, les enfants n'ont pas de limite, et pour pouvoir se repérer, ils ont besoin que vous leur fixiez un cadre et des limites clairs. Aimez-les inconditionnellement. Nous entendons par là : sans condition d'aucune sorte ! Ils ont besoin que vous les guidiez et les accompagniez pour découvrir leur mission dans la vie. Il leur faut des modèles solides pour pouvoir s'orienter et ils les exigeront de vous.

Le pouvoir de la pensée

Nous vous aimons et vous saluons : « Les pensées, sentiments, émotions et croyances peuvent entraîner une modification physique au niveau des différents corps. La pensée, les sentiments et les émotions sont des clés que l'on utilise pour modifier la charge bioélectrique d'une cellule. Chaque cellule fonctionne à l'intérieur d'une gamme de fréquence bien précise qui peut être modifiée vers le haut comme vers le bas. Chaque expérience dans la vie s'accompagne d'une émotion ou d'un sentiment. Une partie de cette émotion correspond à la charge électrique de la pensée. Une modification de la pensée déclenche, dans le corps, un processus chimique qui influence le niveau vibratoire de la cellule. C'est sur ce principe que repose le travail basé sur les affirmations positives (visualisation).

Par sa seule intention l'être humain est capable de modifier son propre ADN, et ses enfants héritent ensuite de ce nouvel ADN. L'intention de l'humanité a fortement changé ces dix dernières années et cela a modifié le cours de l'évolution. C'est ainsi qu'évolue la nature humaine sur Terre. Alors que l'énergie terrestre se transforme, les hommes ont la possibilité d'évoluer spirituellement. Les enfants indigo, qui viennent au monde avec une couche supérieure subtile développée, en sont la preuve. Certes, ils connaissent encore la dualité, mais ils naissent avec une intuition bien plus grande que la nôtre. Ils savent mieux que nous qui ils sont et ce qu'ils sont venus faire sur terre. L'ADN de ces nouveaux êtres s'est modifié. Par rapport aux générations précédentes, ils ont plus de chances de découvrir qui ils sont réellement. On pourrait dire que, par notre entremise, ils ont hérité d'un ADN modifié. Leur intention sera plus puissante et ils déclencheront ainsi d'importantes transformations globales. Et bien que notre intention ait déjà transformé leur ADN, ils vont malgré tout devoir relever des défis afin de préparer leur ADN à des transformations encore plus grandes, car l'élévation est un processus sans fin, avec de nombreuses étapes, petites et grandes.

Le monde est à la veille d'une transformation considérable. Cette transformation est liée à la modification magnétique de la terre, ce qui est scientifiquement mesurable. Se peut-il que notre ADN réagisse à chaque modification des facteurs environnementaux, qui sont eux-mêmes liés à la force d'attraction et à la fréquence terrestres ? Des antennes permettant à l'humanité de vivre en parfaite résonance avec « tout ce qui est » seraient-elles en train d'apparaître ? Ce sont là des questions passionnantes auxquelles l'avenir ne manquera pas d'apporter une réponse.

La conscience de notre Être véritable

Le processus qui a lieu actuellement sur la planète veille à pousser les hommes à la limite de leur résistance physique, afin qu'ils lâchent enfin prise, et il exige d'eux qu'ils abandonnent leur vieille programmation qui ne correspond plus à leur souverain bien. Le processus de mutation est également accéléré par une adaptation consciente ou inconsciente. L'humanité est en train d'abandonner ses impulsions négatives, ses dépendances et ses limitations, en même temps qu'elle intègre, sur le plan physique, tous les aspects de l'être dans une maîtrise parfaitement consciente. L'être de lumière spirituel, enfoui dans les profondeurs du corps humain, est en train de se réveiller.

Et c'est précisément à ce moment crucial que les enfants indigo font leur apparition. Avant cette grande aventure qu'est la vie, chacun de nous a placé son habit de lumière sous la garde de son Être véritable, et a autorisé le monde subtil à écarter de sa mémoire une partie de sa véritable identité. Seule une petite portion des aptitudes de chacun et de sa sagesse se retrouve dans chaque incarnation, tandis que la partie restante demeure stockée au cœur de l'Être véritable.

En tant que co-créateur, l'homme a collaboré avec joie au développement de la planète Terre. Il a fait des expériences dans tous les domaines. Mais lorsque la terre et l'humanité sont entrés dans la fréquence toujours plus dense de la troisième dimension, la vie est devenue si douloureuse et si pénible que beaucoup ont sombré dans la peur, la colère, l'animosité et un sentiment de séparation. L'humanité est restée dans cet état pendant des millénaires. Mais désormais, suffisamment d'êtres sur terre sont prêts à emprunter le chemin du « retour à la source ». Chacun d'entre nous est à même de traverser le voile de l'illusion pour entrer dans la lumière rayonnante de la vérité. Chaque être humain est un être divin lumineux, une étincelle unique de Dieu.

Tous les aspects de la création terrestre sont en train de s'éveiller, aussi bien le règne animal et minéral, que le règne végétal et élémentaire. Une unification a lieu dans les mondes subtils supérieurs, mais de nombreuses unifications se produisent également ici-bas sur la planète. Bon nombre d'entre nous rencontrent « par hasard » des membres de leur famille d'âmes, des frères spirituels proches ou « âmes sœurs », avec lesquels ils voyagent depuis la nuit des temps. Ces rapprochements sont des cadeaux que l'Humanité a mérités, et les enfants indigo font également partie de ces cadeaux.

Téléphoner à Dieu

Voici ce que nous disent les enfants indigo : « Parlons maintenant du processus de synchronicité[1]. Il est vraiment important que lorsque l'homme se trouve confronté à une situation qui le perturbe, il apprenne dans un premier temps à s'arrêter pour observer son ressenti. Grâce au ressenti, il peut activer les vieilles synchronicités qui l'aideront à prendre la bonne direction dans la vie. Ensuite, il est important d'utiliser son cerveau pour examiner et explorer le problème sous tous les angles. Le cerveau possède de fantastiques banques de données remplies d'informations et s'étend bien au-delà du champ énergétique humain. Après quelques jours, la personne remarquera des synchronicités qui lui indiqueront comment elle doit réagir. Tandis qu'elle « scanne » sa réalité à l'aide de son ressenti et de ses banques de données cérébrales, ses guides activeront les synchronicités, qui ont leur origine dans diverses dimensions. Ils lui indiqueront quel est le prochain pas qu'elle doit franchir sur son chemin. Beaucoup ont choisi de se rappeler, dans cette vie même, les caractéristiques énergétiques uniques de leur âme, leurs monades* et

---

1. Du grec *sunchronos*, *sun* = ensemble et *chronos* = temps. Notion et concept (de C. G. Jung) désignant la perception, par un individu, d'événements concordant dans le temps et reliés entre eux par une signification commune, et non pas par le lien de cause à effet.

leurs missions de vie. Il est indispensable d'avoir la volonté de ne pas abandonner le chemin quoi qu'il arrive, et d'investir beaucoup de temps dans la découverte des caractéristiques de son âme. La plupart d'entre elles n'ont pas été exprimées au cours de vos nombreuses vies antérieures. »

L'heure est venue pour nous de prendre exemple sur les enfants indigo. Lorsque les enfants sont confrontés à une situation difficile, ils cherchent d'abord à la ressentir. Ils ont souvent besoin d'un peu de calme et de recul lorsqu'on vient de leur dire quelque chose ou lorsqu'ils se trouvent confrontés à une situation nouvelle pour eux. Ils sondent leurs synchronicités et les analysent automatiquement, et ils agissent seulement ensuite. Ils ont conscience de leur contact avec les plans subtils et avec leurs guides, et obtiennent de ce fait des informations facilement et rapidement.

Un petit enfant, qui était parfaitement relié à ces plans supérieurs, avait l'habitude de dire à sa mère, lorsqu'il avait besoin d'un peu de temps pour ressentir les choses de l'intérieur : « Maman, il faut d'abord que je téléphone vite fait à Dieu. Après, je pourrai te dire ce que je veux ». Il se réservait du temps pour sonder son ressenti et trouver la réponse en lui.

La vraie spiritualité

Les enfants indigo sont venus pour entrer avec nous, main dans la main, dans une ère de vraie spiritualité. Qu'est ce que la vraie spiritualité ? Un être, relié à son Soi supérieur, reconnaît la beauté et la vérité de toutes les religions et a conscience que la spiritualité n'a rien à voir avec les dogmes, les codes éthiques ou une morale rigide. La spiritualité transcende toutes les religions et relie chaque âme à sa propre vérité divine. La spiritualité aime et embrasse la vie, ne juge ni ne rejette personne.

L'Esprit agit dans le cadre des lois divines universelles, celles-ci sont immuables. Et au cœur de ces lois se trouve l'Amour. L'amour pour soi-même et l'amour pour toutes les créatures de Dieu. La spiritualité n'est pas la perception extrasensorielle, comme la clairvoyance, la télépathie ou encore le fait d'entendre des voix. Ces facultés reviennent de droit à l'humanité dès la naissance. Elles ont malheureusement été oubliées et se sont tout simplement étiolées. La perception extrasensorielle reviendra naturellement, à condition qu'elle se réconcilie avec sa dimension spirituelle profonde.

La vraie spiritualité signifie : embrasser le Bien dans toutes les religions et tous les hommes, et laisser ces derniers libres d'exprimer leur spiritualité à leur propre manière. C'est aussi voir le divin en chaque être humain, en chaque animal ou dans l'ensemble de la création, et manifester soi-même les qualités merveilleuses du créateur, pour devenir ensuite un exemple vivant pour les autres. L'heure a sonné, les enfants indigo sont là, présents en grand nombre pour nous aider dans ce processus. En étant en parfait accord avec son Être véritable et avec la source divine à l'intérieur de lui, l'être humain rayonne la spiritualité, permettant ainsi à l'Esprit de descendre et de s'ancrer dans la terre.

Chapitre 7 : **Histoires indigos**

7.1 Trop d'attentes : une mauvaise attitude

Elfie Walther-Weissmann, mère d'une fille indigo de 18 ans, raconte :

« Ce n'est pas que les enfants indigo soient forcément hyper intelligents ou qu'ils se distinguent par des talents extraordinaires. S'ils ont des talents, ils les voient généralement comme quelque chose de parfaitement normal et naturel, et ne cherchent pas à tout prix à se mesurer aux autres et à collectionner les trophées. Lorsque les parents essaient d'utiliser les talents de leurs enfants pour satisfaire leur ambition personnelle, généralement les enfants s'y opposent. Naturellement intuitifs, ils savent très bien reconnaître ce qui correspond à leur propre ambition et ce qui leur est suggéré de l'extérieur. Lorsqu'ils font quelque chose sans joie ni motivation personnelle, ils ne tardent pas à s'opposer et à essayer d'échapper à la pression d'une manière ou d'une autre. S'il s'agit simplement d'un passe-temps, par exemple la musique ou le ski, ce n'est pas trop problématique. Cela devient nettement plus gênant lorsque l'enfant refuse d'aller à l'école et que toutes les tentatives pour le motiver échouent. La plupart des enfants indigo sont extrêmement sensibles, vulnérables et, malgré cette grande conscience d'eux-mêmes qu'ils ont depuis leur plus jeune âge, ils se laissent facilement intimider, lorsqu'ils sont tout petits, ou se sentent injustement rejetés et jugés. Une simple bousculade un peu brusque à la récréation peut les conduire à se tenir définitivement à l'écart des autres enfants. Ou

bien, une seule réflexion de l'institutrice, qui ne cherchait en réalité qu'à encourager l'enfant, est ressentie par celui-ci comme tellement humiliante que désormais, il se referme comme une huître et ne veut plus rien avoir à faire avec l'institutrice et l'école.

L'enfant indigo n'est pas du tout un petit être de lumière adorable, répandant continuellement bonheur et joie, mais peut s'avérer un enfant particulièrement difficile qui ne rate pas une occasion de protester à haute voix du fait de sa forte volonté. Il se retire parfois dans sa chambre, indigné et hors de lui, et ferme la porte à double tour, lorsque sa mère ose avoir un avis différent ou le gronder pour une raison quelconque, ou encore lorsqu'elle lui demande simplement de ranger sa chambre ou de faire ses devoirs. Les enfants indigo se considèrent souvent comme leur propre chef, si bien qu'un rapport parents-enfant, au sens traditionnel du terme, est pratiquement impossible. La maman spirituelle, qui aimerait élever son enfant avec amour, compréhension et intuition, est alors vite confrontée à ses propres limites. Malgré leur extrême sensibilité et leur vulnérabilité, les enfants indigo possèdent en eux une énergie et une puissance violentes. Et s'il le faut, ils n'hésitent pas à en faire plein usage. Ils argumentent avec une logique et une assurance impressionnantes, et le fait que vous ayez trente ans d'expérience de plus qu'eux dans la vie ne signifie absolument rien pour eux.

Jusqu'à la puberté, ces enfants sont souvent obéissants et attachants, et ont un grand besoin d'attention et de sécurité. Mis à part certaines phases d'ennui, de colère ou d'insatisfaction, durant lesquelles ils se sentent mal dans leur entourage et dans leur peau (ils attrapent souvent froid, avec rhume et toux, ont des maux de ventre ou des problèmes de peau comme l'eczéma), ils sont relativement faciles à maîtriser si on leur témoigne amour, compréhension et patience. Généralement, ils savent dire avec une précision surpre-

nante ce qui leur déplaît. Malheureusement, il y a parfois des choses que l'on ne peut pas changer ou, peut-être aussi, qu'on ne désire pas changer.

La phase vraiment difficile débute souvent à la puberté. Celle-ci commence très tôt chez eux, la plupart du temps avant même l'âge de 10 ans. À partir de là, la vie familiale peut devenir extrêmement tendue, tourner au conflit quotidien, à un véritable rapport de force. Père comme mère, nous arrivons au bout de nos possibilités, de notre compréhension, tolérance, force de conviction et de notre patience. Si un membre de la famille, désireux de mettre fin à cette situation pénible, finit par faire acte d'autorité, il risque d'être tout simplement méprisé pour ça. Cela peut alors conduire à des discussions interminables et usantes, au cours desquelles la famille cherche des solutions acceptables pour tous. Ces enfants sont néanmoins si intelligents qu'il faut se montrer très vigilants si l'on ne veut pas s'attirer leurs foudres. Le côté positif de ces interminables et épuisantes discussions, c'est qu'elles nous permettent, en tant que parents, d'apprendre aussi tellement nous-mêmes.

Étant donné que petite, j'avais moi-même souffert d'ordres et d'interdictions continuels, ainsi que de restrictions et règlements en tout genre, je désirais offrir à ma fille une plus grande liberté, notamment celle de décider par elle-même, pour qu'elle ait notamment une plus grande estime personnelle que moi-même à son âge. Je voulais laisser à ma fille le plus d'espace possible, pour qu'elle puisse faire ses propres expériences et avoir confiance dans sa propre créativité. Je voulais qu'elle sache, au plus profond d'elle-même, qu'elle peut avoir confiance dans ses propres ressources et capacités, qu'elle ne doit pas se soumettre ou devenir dépendante par peur ou manque d'assurance, dans le simple but de survivre ou d'obtenir la reconnaissance sociale. Je voulais qu'elle sache qu'il n'y a rien de mal à être « différent » des autres, et qu'elle ait suffisamment de courage et de confiance pour développer tout le potentiel de sa différence, quel qu'il fut.

Je voulais me montrer compréhensive, aimante et patiente, afin d'aider ma fille à trouver sa voie dans cette vie terrestre si difficile. Je voulais également qu'elle apprenne qu'il est possible de considérer une seule et même chose sous de nombreux angles différents. Ma fille devait apprendre à se montrer tolérante envers les autres, tout en restant néanmoins fidèle à sa propre vérité. Mais tout cela correspondait à mon désir personnel, mon attente, ma conception du discernement et de la tolérance. Assez fréquemment, j'ai été forcée de reconnaître que ma fille était en réalité plus tolérante que moi.

Pendant des années elle a fréquenté des jeunes que l'on ne qualifierait pas a priori de « bonnes fréquentations ». J'étais sans cesse partagée entre « accepter et faire confiance à ma fille » et « être furieuse, ne pas accepter et craindre de perdre le contrôle ». C'était une période extrêmement difficile car elle refusait tout ce que je disais ou faisais, ou encore elle faisait la sourde oreille. Aujourd'hui, j'ai conscience que c'était une façon pour elle de se soustraire à mon influence, pour se prouver à elle-même qu'elle était forte et indépendante et pour me faire clairement comprendre que ma prévoyance, mes craintes et mes scrupules lui tapaient sérieusement sur les nerfs.

Ma fille me ramenait sans cesse en face de mes propres limites : mes incertitudes, mes angoisses, mes attentes envers cette enfant. Régulièrement, j'étais contrainte de me poser des questions sur mes propres émotions : d'où viennent-elles ? Pourquoi est-ce que je me sens si inquiète, irritée ou défiée ? Je me suis aperçue que je continuais de traîner ma propre éducation comme un boulet. J'étais toujours prisonnière de ces normes qui m'avaient été imposées de force lorsque j'étais jeune et qui ne laissaient aucune place à une évolution personnelle, qui me faisaient me sentir faible, impuissante, dépendante et insignifiante ! Ainsi, toutes ces années je me suis gardée contre les attentes, les exigences, les ingérences et les normes de notre société, car j'avais à cœur que les choses soient plus faciles pour ma fille. Mais ça n'est pas chose facile de lutter constamment contre la société et le monde environnant. Que ce soit à la crèche, à l'école ou dans les clubs sportifs, les enfants sont malheureusement soumis à un système reposant sur la pression, la compétition, la rivalité et, souvent aussi, sur la manipulation. Ainsi, les enfants n'apprennent pas à travailler pour/et les uns avec les autres, mais les uns contre les autres. Ils apprennent à se combattre, à s'écraser mutuellement, à se faire du mal et à s'exploiter.

J'espère de tout mon cœur que cela changera un jour, que la prochaine génération d'enfants indigo, qui arrive actuellement, contribuera à ce qu'à l'avenir les hommes ne s'écrasent plus mutuellement, mais s'encouragent et se soutiennent. Ma fille a maintenant 18 ans (sur le papier), la puberté est passée, une nouvelle phase de maturité a commencé, et j'éprouve au fond de mon cœur une immense reconnaissance ! »

7.2 Des projets nouveaux : Free the Children (Libérez les enfants)

Il existe de nombreux exemples d'enfants qui abattent toutes les barrières et découvrent très tôt leurs missions dans la vie. Des enfants qui à 12 ans créent leur propre société de logiciels informatiques, qui s'investissent pour leurs camarades et accomplissent un vrai travail social, ou encore des enfants tout à fait exceptionnels comme Craig Kielburger, par exemple.

Craig Kielburger a aujourd'hui 17 ans, il vit au Canada et est le fondateur de l'organisation internationale d'enfants « Free the Children » (« Libérez les enfants »). Cette organisation possède des membres dans plus de 20 pays à travers le monde. Sa mission est de sauver les enfants du monde entier de la pauvreté et de l'exploitation. Elle encourage de jeunes gens à devenir les dirigeants de leurs communautés ou peuples, afin qu'ils apportent leur collaboration à ce projet.

À 12 ans, après avoir lu un article sur le meurtre d'un enfant au Pakistan, Craig a commencé à se préoccuper profondément des autres enfants. L'enfant avait été vendu comme « esclave » pour travailler pour des ourdisseurs de tapis. Craig s'est associé avec des amis, et de là est né un énorme réseau, qui défend aujourd'hui les droits des enfants. Craig voyage à travers le monde et rend visite aux enfants vivant dans la misère. Il tient des conférences, monte des projets un peu partout et se bat pour améliorer les conditions de vie dans les pays concernés. Son organisation connaît un grand succès. Exemples de projets : l'ouverture d'écoles ou de centres de réhabilitation pour enfants, la création de nouvelles sources de revenus pour les familles dans le besoin, afin que ces dernières puissent épargner à leurs enfants des travaux dangereux. Par ailleurs, cette organisation lance de nombreux programmes dont le but est de créer des contacts entre des enfants et adolescents du monde entier. Elle veille également, avec succès souvent, à ce que les industriels respectent les lois sur le travail des enfants. Si nécessaire, elle tente de convaincre les gouvernements de réviser leurs lois, afin que les enfants soient mieux protégés contre l'exploitation ou la prostitution. Ces dernières années, Craig a bénéficié d'une énorme publicité de la part des différents médias. CNN a notamment diffusé, à travers les États-Unis et l'Europe, un film de 60 minutes sur Craig, et son livre *Libérez les enfants* est désormais traduit dans de nombreuses langues. Indubitablement, Craig constitue un excellent exemple pour les parents et les enfants, qui montre quelles conséquences formidables cela peut avoir de faire confiance à nos enfants et de croire en leur capacité à réaliser leurs rêves et à accomplir les missions pour lesquelles ils sont venus sur terre.

Chapitre 8 :

Quelques exercices indigos

8. 1 Exercice : faire le plein d'énergie

Asseyez-vous avec votre enfant dans une pièce où vous ne serez pas dérangés. Mettez une musique douce et allumez une bougie. Asseyez-vous en face de votre enfant, soit sur le sol, soit sur une chaise. Il est important que l'enfant soit assis le dos bien droit, afin que l'énergie puisse circuler librement. Fermez les yeux et faites avec lui le voyage imaginaire suivant :

« Imagine qu'à la plante de tes pieds se trouvent de gros bourgeons de fleurs. Concentre ta pensée sur ces fleurs et laisse les éclore. Les pétales s'ouvrent l'un après l'autre, et tu les observes. De ces fleurs partent des racines qui s'enfoncent jusqu'au centre de la terre. Observe ces racines et rentre à l'intérieur d'elles pour effectuer le voyage jusqu'au fond. Dis-moi lorsque tu es arrivé tout en bas. » Attendez que l'enfant vous fasse un signe puis reprenez : *« Imagine que mère Terre te donne maintenant plein d'énergie. Cette énergie grimpe vers le haut par les racines, jusqu'à tes pieds. Observe cette énergie. Lorsqu'elle arrive au niveau de tes pieds, laisse-la traverser tes pieds, puis tes jambes et couler ainsi jusque dans ton ventre. Ne quitte pas cette énergie du regard et observe comment tu te sens. L'énergie est-elle chaude ? Froide ? Est-ce qu'elle picote ou bien chatouille ? »*

Marquez régulièrement des pauses. Il est important de parler lentement et de s'adapter au rythme de l'enfant.

Surtout la première fois, laissez-vous guider par l'enfant. Plus tard, il fera cet exercice par lui-même en quelques minutes seulement. Vous pouvez lui demander régulièrement où il en est et à quel stade en est l'énergie dans son ventre. Ensuite, poursuivez :

« *Maintenant, laisse l'énergie couler vers l'avant de ton corps. Elle part de ton dos pour aller vers l'avant, dans ta poitrine, puis dans tes épaules, puis dans tes bras jusqu'à tes mains. Elle se propage également dans tes nerfs et dans tes muscles. Fais-moi un signe lorsque tu la sens dans tes doigts.* » Attendez que l'enfant vous fasse signe, puis reprenez : « *Sens l'énergie circuler dans ta nuque, dans ton cou puis dans ta tête. Laisse simplement cette énergie circuler en toi, en même temps que tu diriges maintenant ta pensée sur la fleur située sur ta tête.* »

À ce stade, marquez une petite pause. Puis reprenez : « *De cette fleur part un fil qui s'élance vers le haut, jusque très haut dans le ciel, là où tout n'est que lumière. Imagine que tu suis ce fil jusque dans le ciel tout là-haut, jusqu'à ce tu arrives au bout et que tu vois une grande lumière brillante. Fais-moi un signe lorsque tu es arrivé là-haut.* » Attendez à nouveau son signe puis reprenez : « *Demande maintenant à la lumière d'envoyer son énergie dans le fil et de descendre par le fil, jusque dans ta tête... Sens l'énergie circuler le long du fil et pénétrer dans ta tête. Ta tête est maintenant remplie de cette énergie lumineuse. Celle-ci est différente de l'énergie de la Terre. Observe la sensation qu'elle te procure. Cette énergie est-elle chaude ou froide ? Pique-t-elle ou est-elle douce ?* »

« *L'énergie parcourt maintenant tout ton corps de haut en bas, et lorsqu'elle arrive à tes pieds, elle traverse les fleurs, puis descend le long des racines jusque dans la Terre. Laisse cette énergie circuler pendant 2 minutes et observe-la.* » Attendez quelques minutes, et lorsque vous sentez que l'enfant a envie d'arrêter, dites : « *Maintenant, referme les fleurs à tes pieds, ainsi que la fleur sur ta tête, afin que l'énergie reste à l'intérieur de ton corps et ne s'échappe pas.* »

Après avoir effectué cet exercice deux ou trois fois, l'enfant sera capable de se relier seul très vite à ces énergies. Cet exercice permet à l'enfant de bien s'ancrer dans la Terre et lui donne le sentiment de faire partie du Tout, ce qui est le cas en fin de compte. Pour les enfants mal centrés, mal ancrés dans leur corps ou fatigués, il constitue également un excellent moyen énergisant ! Si vous avez deux cristaux de quartz pointus de même taille (environ 3 à 5 cm), l'enfant peut en tenir un dans chaque main pendant l'exercice. Dans sa main gauche la pointe du cristal doit être dirigée vers le poignet, et dans la main droite dans la direction opposée, autrement dit vers les doigts. Les quartz sont bons pour le corps émotionnel et le circuit électrique du corps, et ils permettent une recharge en énergie plus homogène et plus intense.

8. 2 Exercice : respirer des couleurs

Demandez à votre enfant de faire appel à son inspiration pour choisir une couleur dont il pense qu'elle lui fera du bien. Puis asseyez-vous avec lui dans un endroit agréable et calme, où vous ne craignez pas d'être dérangés. Vous devez faire l'exercice ensemble, après l'avoir préalablement expliqué en détail à l'enfant.

Détendez-vous et effectuez 12 respirations profondes, en inspirant bien l'air jusque dans l'abdomen. Suivez consciemment le trajet de l'air et bloquez un court instant votre respiration au niveau du ventre. Puis expirez consciemment. Commencez par vous familiariser avec le rythme de votre respiration. Une fois que vous maîtrisez la respiration consciente et lente, vous vous sentez détendu et pouvez alors vous concentrer sur les couleurs.

Inspirez maintenant la couleur choisie : visualisez la couleur traversant votre bouche puis la trachée-artère, le diaphragme, puis le plexus solaire jusque dans votre ventre, dans la région du nombril. Bloquez un court instant votre respiration. Vous pouvez compter jusqu'à 4, puis expirez lentement et consciemment la couleur. Vous pouvez étendre la respiration colorée à tous les organes. Incluez le cœur, le foie, les reins, la rate, les intestins et les organes sexuels. Il est également conseillé de diriger l'énergie dans la colonne vertébrale.

Le mieux serait que vous fassiez vous-même cet exercice plusieurs fois avant de l'expliquer à votre enfant. Puis, veillez à faire preuve de créativité et d'imagination lorsque vous invitez l'enfant à manipuler la couleur de son choix. Dites-lui par exemple : « *La couleur effectue un voyage à travers ton corps et visite tous les endroits malheureux* ». Ou bien : « *Imagine que la couleur colorie dans ton corps toutes les parties qui sont malades, afin qu'elles guérissent aussitôt* ». Laissez-vous guider par votre imagination et veillez à rendre l'exercice ludique et amusant pour l'enfant. Il sera alors à même, dans une situation difficile, d'exécuter rapidement l'exercice tout seul.

8. 3 Exercice : parcourir l'aura avec une améthyste

Cet exercice aide l'enfant à se sentir à nouveau « entier ». Il agit rapidement, est efficace et facile à pratiquer. Cette forme de traitement est également appelée « scannage d'aura » et « harmonisation des chakras ». Elle est issue de la thérapie par les cristaux et permet de réaliser de vraies merveilles, car l'améthyste a le pouvoir d'équilibrer aussitôt l'aura*, en douceur et harmonieusement. Cet exercice convient toutefois plutôt aux personnes ayant déjà une expérience du travail avec les cristaux.

Vous avez besoin, pour cet exercice, d'une améthyste (l'idéal serait un morceau de géode).

L'enfant doit se tenir assis sur une chaise avec, dans chaque main, un cristal de quartz de 3 à 5 cm. Dans sa main gauche, la pointe du cristal doit impérativement être dirigée vers le poignet, et dans sa main droite, vers les doigts. L'enfant doit être confortablement assis, avec le dos bien droit toutefois.

Prenez l'améthyste dans la main droite et versez dessus deux ou trois gouttes de la quintessence Aura-Soma « Saint Germain ». Sur la paume de votre main gauche versez quelques gouttes de l'essence Aura-Soma « Violet ». Placez-vous derrière votre enfant et, les deux mains devant le centre du cœur, récitez trois fois, dans votre tête ou à voix haute, l'invocation suivante :

J'appelle la lumière christique intérieure.
Je suis un canal parfait et pur.
La lumière me guide.

Demandez la permission pour ce traitement aurique et demandez la quantité d'énergie nécessaire pour le mener à bien. Ancrez-vous dans la Terre et reliez-vous à la lumière divine. Que ce soit bien clair pour vous : vous ne devez en aucun cas utiliser votre propre énergie. Tenez maintenant vos deux mains (l'améthyste dans la main droite) à environ 5 cm au-dessus des épaules de l'enfant. Réglez-vous pendant quelques minutes sur son énergie. Attendez jusqu'à ce que vous ressentiez une sensation de paix et d'unité.

Placez-vous maintenant à droite de l'enfant et amenez vos mains de part et d'autre de sa tête, au niveau du chakra coronal. (Si vous n'êtes pas familiarisé avec les chakras, procurez-vous d'abord un manuel sur le sujet et apprenez leur emplacement.) La main gauche vient ainsi derrière la tête, tandis que la droite vient, avec l'améthyste, devant le visage. Un espace de 50 cm environ sépare les deux mains.

Laissez-vous guider par l'améthyste. Celle-ci peut, par exemple, se mettre à chauffer ou à bouger : vous sentirez lorsque le chakra aura reçu suffisamment d'énergie. Éloignez alors légèrement vos mains du corps de l'enfant et rapprochez-les à nouveau du corps au niveau du chakra suivant, le troisième œil. Attendez à nouveau, jusqu'à ce qu'on vous donne intérieurement le signal de poursuivre. Parcourez ainsi tous les chakras (chakra laryngé, chakra cardiaque, plexus solaire, chakra sacré, chakra racine).

Immédiatement après, « scannez » (en d'autres termes, bougez l'améthyste de gauche à droite à 5 cm du corps environ) le côté droit du corps, y compris les pieds. Ensuite, placez-vous à gauche de l'enfant et scannez le côté gauche de son corps. Enchaînez immédiatement en passant derrière l'enfant et scannez son dos. Lorsque vous scannez, si vous sentez que vous devez rester plus longtemps à un endroit avec l'améthyste, surtout faites-le.

Pour conclure, faites tout le tour de l'aura avec l'améthyste, en partant des oreilles et en finissant par les pieds. Il est important de toujours scanner du haut vers le bas. Faites ainsi tout le tour de l'enfant. Une fois que vous avez terminé, placez à nouveau vos mains au-dessus de ses épaules et remerciez votre enfant, la lumière, la Terre et l'améthyste pour leur soutien. Ensuite, retirez-vous doucement du champ énergétique de l'enfant. L'enfant peut ensuite s'allonger et se reposer dix à trente minutes.

Ce traitement est utilisé en cas d'agitation, d'hyperactivité, de mal-être général, de perturbation émotionnelle, de crises de colère, de mauvais ancrage à la Terre, etc.

8. 4 Love & Laughter : le jeu du sourire

Le tout nouveau jeu de société Love & Laughter est un jeu formidable pour les enfants indigo et leurs familles. Il s'agit d'un jeu plein d'amour et de sagesse qui permet à l'enfant enfoui à l'intérieur de chacun de se réveiller. Il repose sur un concept tout à fait nouveau (une idée de ses concepteurs Frederike Herrlich et Roy Howsam) et est parfait pour tout ceux qui désirent grandir ensemble et entrer dans un dialogue ouvert et vivant les uns avec les autres. Ce jeu invite les joueurs à apprendre à mieux se connaître eux-mêmes, et les uns les autres, en permettant une communication sans confrontation et par le biais des couleurs.

Dans ce jeu, ni bonne réponse, ni réponse fausse, ni gagnant, ni perdant, car ce qui est proposé ici, c'est une coopération constructive. Les joueurs tombent sur des cases d'anges et de chenapans, qui symbolisent les deux facettes de l'être humain, et ont la possibilité, avec les cartes des enfants du monde, d'échanger leurs opinions sur les valeurs de la vie. Ils font des expériences dans divers domaines de la vie quotidienne, dont on parle sinon peu dans la vie réelle, et choisissent ce faisant des cartes de couleur pour constituer eux-mêmes leur enfant de couleur. À la fin du jeu, lorsqu'ils regardent leur enfant de couleur, ils prennent conscience d'eux-mêmes comme dans un miroir et acquièrent, grâce à l'interprétation des étapes de jeu, une image positive d'eux-mêmes.

Ce jeu est conçu pour stimuler la créativité des enfants et des adultes, les aider à trouver des solutions aux problèmes familiaux et pour leur permettre, sous une forme ludique, de communiquer ouvertement. Il peut se jouer en famille, mais il est également idéal dans tous les domaines où il s'agit de travailler avec les enfants, comme dans les crèches et les écoles.

Le jeu permet également de découvrir les structures et les conditions familiales et relationnelles, comme l'illustre le cas suivant qu'ont rencontré les concepteurs du jeu au sein de leur cabinet : « *Les parents d'un garçon de 14 ans ont découvert, après seulement une demi-heure de jeu ensemble, les raisons du comportement de leur fils, qui avait l'habitude de faire l'école buissonnière, de taguer les murs des maisons, et qui était d'un abord très difficile. Il était menacé d'expulsion par son lycée. Pour ne pas arranger les choses, le garçon était un enfant du divorce et devait vivre dans deux mondes différents : dans la famille de sa mère pendant la semaine, chez son père le week-end. Pendant le jeu, la mère est tombée sur une première question intéressante : que fais-tu lorsque quelqu'un est trop occupé pour t'accorder son attention ? Sa réponse fut la suivante : je peux devenir très désagréable et il peut me passer tout un tas de choses par la tête. Elle eut un mouvement de surprise en s'entendant répondre et se mit à considérer son fils avec plus de compréhension, en se mettant à sa place. Les couleurs sélectionnées par le garçon ont révélé clairement où se cachaient les raisons de son comportement. Lorsqu'il a dû choisir des couleurs pour habiller sa carte « enfant de couleur », il a opté trois fois pour le rouge, comme expression de sa pression intérieure et de sa « colère » (pour reprendre ses mots). Comme mesure éducative, les parents voulaient lui supprimer le football, afin qu'il ait davantage de temps pour ses devoirs. Cette menace, naturellement, n'améliora pas la situation. Par ailleurs, le garçon a choisi le turquoise à deux reprises, ce qui permet de conclure à un enfant très créatif qui, dans son environnement familial et le système scolaire actuel, ne bénéficiait pas d'assez de liberté pour pouvoir exprimer sa créativité et vivre ses passions réelles. Le choix de la couleur rose signifie qu'il était affectueux de nature, mais qu'il n'exprimait pas ses sentiments de peur de blesser quelqu'un. Ainsi sa colère se dirigeait également contre lui-même. Une solution acceptable pour tous a pu être trouvée. Les parents se sont donnés du mal pour trouver une place dans un internat qui propose un grand choix d'activités sportives et manuelles. De plus, lorsque, dans une conversation, on a demandé au garçon ce que les élèves reprochaient au système scolaire actuel et ce qui, selon eux, devait changer, le garçon a eu l'occasion d'exprimer ses impressions et d'émettre des souhaits. Les parents virent les besoins de leur fils, mais aussi leur propre situation sous un jour nouveau et comprirent mieux les défis à relever par les enseignants. Grâce à la coopération de tous et à une communication ouverte, de nouvelles solutions ont pu être dégagées. »*

Le jeu s'adresse à un nombre de joueurs allant de 2 à 6 et est adapté à toutes les tranches d'âge. À ce jour, il existe en anglais, allemand et japonais, et il allie ces diverses langues au langage universel des couleurs.

Conclusion

Les raisons qui m'ont poussée à écrire ce livre

J'ai le sentiment que toute ma vie n'a été qu'une lente préparation pour que je me consacre finalement aux relations entre les différentes générations, et notamment à l'entente et à la compréhension entre les enfants du nouvel âge et le reste des hommes.

Lorsque j'étais jeune, je ne comprenais pas bien le monde dans lequel nous vivons. Il m'arrivait souvent de penser que je m'étais sûrement trompée de planète et j'avais beaucoup de peine à comprendre le comportement des adultes. Je suis différente, me disais-je à moi-même, je ne « vois » pas comme les autres. Et je ressentais mes « antennes » comme un lourd fardeau. Ce n'est que plus tard que j'ai commencé à étudier la chromothérapie et à m'ouvrir consciemment à la spiritualité.

J'ai alors soudain pris conscience de la manière dont nous sommes tous liés à une mission précise dans la vie, mission dont dépend notre apprentissage spirituel. Il y a huit ou neuf ans, j'ai rencontré la médium américaine Barbara Bowers qui m'a prédit qu'un jour j'expliquerais les lois de la lumière à un grand nombre de gens et que, progressivement, je me préparerais à mon travail avec la nouvelle génération, génération que je comprenais si bien intérieurement. Barbara voulait dire qu'un grand nombre d'êtres bleus viennent sur Terre pour enseigner quelque chose à l'humanité et la guider.

Il y a longtemps de cela, aux États-Unis, j'ai eu la chance de rencontrer l'entité Kryon canalisée par Lee Carroll. Lorsqu'en 1995 j'ai entendu Kryon parler pour la première fois des enfants indigo, la graine qu'avait semée en moi Barbara Bowers, a commencé à grandir. À cette époque, j'ai à nouveau reçu le message intérieur suivant : « Écris ! Écris ton histoire et écris sur la Lumière ! » À plusieurs reprises, j'ai interrompu mes cours et mes séances en cabinet pour me consacrer à l'écriture. Bien que mes tiroirs se remplissent de renseignements précieux sur le corps lumineux, sur le travail énergétique, le divin, la conscience humaine, je savais au fond de moi que ce n'était pas le livre que je devais écrire. Aussi le tiroir est-il resté fermé.

Pendant l'été 1999, aux États-Unis, j'ai été une nouvelle fois plus ou moins foudroyée par Kryon. Soudain, j'ai eu la révélation que je devais travailler avec les enfants nouveaux et écrire un livre sur eux. L'humanité attend vraiment des informations sur ces enfants. Un livre devait impérativement être écrit pour mettre fin à tous les préjugés. Habituée à me fier à mon intuition, j'ai immédiatement approuvé intérieurement et fondé le cercle de lumière des enfants indigo « Der Indigo Kinder Lichtring ».

Dès lors véritablement prête à écrire ce livre, mon lien avec les enfants indigo et mon enfant intérieur s'est activé en un éclair. Cette période fut vraiment faste : c'était l'époque de la grande éclipse solaire, ce qui annonçait une phase très intense, et d'importants bouleversements furent prédits de toute part. Tandis que j'entamais des recherches pour mon livre, mon enfant intérieur, qui était né 52 ans auparavant, s'est à nouveau manifesté et s'est écrié : Oh ! Tout est si différent ici ! Pourquoi suis-je venue ? Si seulement j'étais restée d'où je viens ! La période correspondant à la rédaction de ce livre fut semblable à de véritables montagnes russes, avec ses hauts et ses bas, ses accalmies et ses accélérations… Dieu merci, cela n'altéra pas ma confiance en mon guide intérieur. À mesure que j'écrivais, des messages subtils continuaient de parvenir à mon esprit. Certains m'ont révélé que de nombreux individus nés au lendemain de la Seconde Guerre mondiale s'étaient incarnés avec une aura bleu indigo. Leur devoir consistait à abattre les dogmes et les croyances rigides de l'humanité. Les années 60 l'ont clairement illustré. Grâce à la paix et à l'amour, l'humanité pouvait guérir et se tourner vers l'étape suivante de l'évolution. La fréquence énergétique était néanmoins très lourde à l'époque, et bon nombre de ces précurseurs, baptisés aujourd'hui les ouvriers de lumière, abandonnèrent. Ils optèrent pour une orientation davantage tournée vers l'intérieur, commencèrent à méditer, et les enseignements orientaux trouvèrent un nombre croissant d'adeptes partout en Europe. J'appartiens moi-même à cette génération et j'ai toujours senti que j'avais une responsabilité dans le devenir de ce monde, que je devais contribuer à ce qu'un monde nouveau voit le jour, un monde créé *par* et *pour* l'humanité. Une chose a toujours été claire pour moi : nous vivons une époque captivante !

J'espère que ce livre vous aura apporté les connaissances que vous espériez et que sa lecture vous aura été très profitable.

Annexe

Glossaire

ADN : L'ADN (acide désoxyribonucléique) constitue le support de l'hérédité. Cette hérédité, ou code génétique, est enregistrée dans la série de bases qui compose l'ADN. Les sections d'ADN, qui comptent chacune entre 600 et 1 800couples de bases, forment les gènes qui portent les informations pour des traits héréditaires déterminés. L'ADN est un polymère colossal, composé d'à peu près 10 milliards de molécules et dans lequel est enregistré le patrimoine génétique de nos cellules.

Âme : partie divine et éternelle de notre être. Elle incarne une partie du Soi supérieur*. L'âme est omnisciente et parfaite. Elle transmet des informations en permanence, et elle est en constante interaction avec les êtres qui l'entourent, ainsi qu'avec la famille d'âme à laquelle elle appartient de l'autre côté du voile. L'âme est également appelée l'ange d'or en nous.

Aura : champ électromagnétique entourant le corps physique et s'exprimant par des couleurs. Sa vitalité dépend des chakras. L'aura occupe l'espace situé directement autour du corps.

Calendrier maya : sagesse ou savoir concernant les lois temporelles des 3ème et 4ème dimensions, réunies dans un

système calendaire complexe et volumineux comprenant deux parties :
– *le Tzolkin* : calendrier journalier organisé autour des différents rituels. Ses 20 jours correspondaient à un mois maya. À chaque jour était affecté un dieu, ainsi qu'un chiffre allant de 1 à 13. Ce rythme de 13 jours peut (grosso modo) être comparé à notre semaine.
– *le Ha'ab* : calendrier mensuel qui, avec ses 365 jours, correspondait à l'année solaire et était constitué de 18mois Tzolkin de 20 jours, auxquels venaient s'ajouter les 5 jours sans dieux de l'Uayeb (le 19ème mois de compensation).

Canalisation channeling : transmission consciente de messages verbaux ou non-verbaux provenant d'énergies subtiles (non-physiques). Lorsqu'une personne est en canal, elle s'ouvre consciemment à différents niveaux de compréhension et les intègre. Les informations multidimensionnelles ainsi récoltées sont traduites et restituées en mots, images, musique, etc.

Chakra : les chakras correspondent à des tourbillons d'énergie. Le corps éthérique comprend plusieurs chakras ou centres énergétiques, dont sept principaux (chakra racine/rouge, chakra sacré/orange, plexus solaire/jaune, chakra cardiaque/vert, chakra laryngé/bleu, troisième œil/violet, chakra coronal/blanc). Chacun de ces chakras vibre sur la fréquence d'une des sept couleurs de l'arc-en-ciel qui, réunies, forment la lumière.

Champ énergétique : zone chargée d'énergie électromagnétique et qui entoure une personne ou un objet. Ce champ peut être chargé positivement ou négativement, ou les deux.

Compassion : la compassion véritable, inconditionnelle signifie pardonner à soi-même et aux autres. À un niveau plus élevé, c'est reconnaître le stade auquel en sont les autres, et les aimer qu'ils soient prêts à évoluer ou non. Être prêt à leur laisser leurs problèmes lorsqu'ils ne sont pas prêts à évoluer.

Corps lumineux : le corps électromagnétique d'un être, tel qu'il existe dans l'éthérique. Il s'agit du vrai corps, celui qui fournit le calque du corps physique et rend possible la communication interdimensionelle. Lorsqu'on travaille avec son corps lumineux, on dispose des moyens, de la matière et de l'énergie pour acquérir un niveau de connaissance et de conscience plus élevé.

Dualité : notre monde tel qu'il est, après avoir quitté l'unité divine originelle et sombré dans le règne des opposés (en haut/en bas, froid/chaud, je/tu). La dualité est caractérisée par les notions de temps, d'espace, de polarité, de séparation, de limitation et de karma.

Êtres de lumière supérieurs : entité de la lumière divine. Lumière, à laquelle nous autres êtres humains donnons un corps (un ange, par exemple) ou une autre forme. Sagesse la plus haute, issue de la lumière.

Familles d'âmes : groupes d'êtres de la même essence, qui se sentent liés les uns aux autres et sont issus d'un même groupe d'âmes encore plus grand. Des familles d'âmes travaillent et s'incarnent ensemble depuis le début de l'histoire de l'humanité.

Fréquence énergétique : chaque chose vibre à un rythme ou sur une fréquence qui lui est propre. Les êtres humains, les animaux, les plantes, tous les objets sont constitués d'énergie vibrant à une fréquence spécifique. Par exemple, si nous réglons notre poste de radio sur une fréquence précise, nous capterons une radio précise. De la même manière nous pouvons nous «régler» sur les fréquences énergétiques d'autres êtres, situés à l'intérieur ou à l'extérieur de notre univers.

Glande pinéale : également appelée épiphyse. Située au milieu du cerveau, elle gouverne le cerveau et l'ensemble du système nerveux. Elle traite les signaux qu'elle transforme en réactions automatiques, après qu'ils sont parvenus à la conscience par le biais des organes sensoriels. La conscience et l'inconscient se rencontrent au niveau de l'épiphyse. Les perturbations de cette «table de commande» provoquent des dépressions. Un fonctionnement parfait de l'épiphyse est indispensable à l'équilibre psychique.

Gluten (glu, colle) : substance protéinique caoutchouteuse de la farine de seigle, d'avoine, et surtout de blé, que certaines personnes ne parviennent pas à digérer. Le gluten est constitué de gliadine et de glutéline, et c'est à lui que l'on doit les qualités boulangères de la farine de blé.

Guérison/healing : si l'on devait définir au mieux la guérison, on pourrait dire que guérir, c'est accéder à un espace de grand bien-être. Nous pouvons parler de croissance, d'extension. Aider les autres à renforcer leur vitalité et leur expansibilité comme jamais auparavant, ou comme ils n'auraient jamais pu l'imaginer, afin que leur conscience, leur être travaille sur des plans toujours plus élevés, c'est les guérir.

Hypophyse : glande supérieure du système endocrinien. De la taille d'une noisette, elle est logée dans une dépression osseuse à la base du cerveau et contrôle l'ensemble du système hormonal. Outre la sécrétion de ses propres hormones, elle intervient également dans la production d'hormones par les autres glandes endocrines.

Hypothalamus : cette centrale de commande hormonale du cerveau contrôle d'importantes fonctions de l'organisme telles la pression sanguine, la température ou encore la sensation de faim.

Karma/tares karmiques : loi de cause à effet. Ce que nous faisons nous est renvoyé un jour ou l'autre. Le karma se définit également ainsi : ensemble de leçons physiques, mentales et spirituelles qui se répètent au fil de nombreuses vies successives et qui sont, pour l'âme, autant d'occasions de s'élever. Parfois également appelé destin.

Kryon : entité lumineuse supérieure, canalisée par Lee Carroll (des États-Unis). Kryon nous transmet une foule d'éclairages et d'informations surprenantes sur la vie sur Terre, la science, la lumière, l'énergie et plus encore. Kryon est l'amour à l'état pur.

Maîtres réalisés : dans notre monde de la dualité*, instructeurs et guides qui, sur la spirale de l'évolution, se sont élevés, sont passés du niveau terrestre à des niveaux plus élevés.

Matrice mentale : pour les clairvoyants, le corps énergétique subtil et l'Esprit universel peuvent prendre l'apparence de grilles tridimensionnelles, sur différents plans qui se recoupent. Ce réseau de grilles est dynamique et se meut sans arrêt. Des points lumineux pulsent, formant un motif déterminé, et lorsque des pensées se forment, ces points sont libérés. Les pensées parviennent à la conscience par ce réseau de grilles.

Monade : unité simple, indivisible qui a un sens en elle-même et déploie de ce fait des forces qui agissent vers l'extérieur.

New Age/Nouvel âge : période de spiritualité et d'unité, également appelée l'âge (d'or) du Verseau.

Ouvrier de lumière : personne qui se consacre consciemment à la lumière, suit d'un pas décidé le chemin du développement spirituel et aide les autres à le suivre.

Paranormalité : perception extraordinaire. Ensemble des manifestations paranormales telles que la clairvoyance, les pressentiments, la télépathie, la télékinésie, etc.

Photons : plus petites unités actives (quanta) d'interaction électromagnétique. Particules de lumière élémentaires, ou rayonnement, qui se déplacent à la vitesse de la lumière.

Porte énergétique : la porte énergétique 11 :11, par exemple, est définie comme suit par Solara (messager d'un autre système stellaire, venu s'incarner sur Terre afin d'ouvrir cette porte) : pont entre deux spirales évolutives différentes, l'une ancrée dans la dualité, l'autre dans l'unité. En nous rapprochant de la conscience universelle, en fusionnant avec elle pour ne devenir qu'Un, nous pouvons franchir cette porte. D'une manière générale, une porte énergétique peut aussi être considérée comme une opportunité ou une fenêtre sur l'éveil, sur l'évolution personnelle.

Processus d'élévation : accession à des dimensions énergétiques plus élevées. Le passage de la conscience de la dualité à l'Unité, en passant par différents niveaux.

Soi supérieur : la conscience christique, l'Être véritable, la forme supérieure de l'Être. Le corps lumineux qui entoure notre corps physique et renferme l'énergie divine.

Spiritualité : fait d'être en contact avec les plans spirituels, subtils. L'ensemble du savoir concernant les différentes dimensions de l'existence.

Système immunitaire : ensemble de cellules tissulaires et d'organes dont la fonction est de protéger notre organisme contre les substances et les corps étrangers susceptibles de nous rendre malades. Le système immunitaire est très complexe.

Théorie du rayonnement : théorie fondée sur la Kabbale, l'une des traditions mystiques les plus anciennes, selon laquelle l'énergie divine se divise à l'origine en sept rayons cosmiques et afflue sur la Terre sous la forme de ces rayons.

Transmission (transfert d'énergie) : fait d'établir, de créer une vibration énergétique, afin que les personnes qui se règlent sur cette vibration puissent être guéries. Le transfert d'énergie a lieu grâce au principe de résonance (il y a résonance entre des êtres lorsqu'ils vibrent sur la même fréquence).

Troisième œil : il s'agit du sixième chakra. Il est situé entre les sourcils et c'est là que siège «l'œil de l'âme», l'œil intérieur divin. C'est par ce chakra que se fait la connexion avec les plans subtils, connexion qui peut être activée par la méditation ou par une conscience élargie. C'est le lieu des perceptions extrasensorielles.

Vibration des enfants indigo : chaque être a une fréquence énergétique, ou vibration, déterminée. De plus, l'humanité ou les différents groupes culturels possèdent également une fréquence collective déterminée. Le groupe formé par les enfants indigo possède une fréquence énergétique très élevée. En d'autres termes, les enfants indigo vibrent à une très grande vitesse et sont moins attachés à la Terre.

Achevé d'imprimer en mai 2003
sur les presses de la Nouvelle Imprimerie Laballery
58500 Clamecy

Dépôt légal : mai 2003
Numéro d'impression : 305051

Imprimé en France